伝わる文章がすぐ書ける

接続詞のコツ

文筆家／文章コンサルタント

前田安正

すばる舎

はじめに

　文章を書くときにほとんど意識していないのが、接続詞です。文のつなぎとして無意識に使っている場合がほとんどです。

　ところが、接続詞ほどマニアックで奥深い品詞はありません。そのため、接続詞の定義は研究者によって異なります。

　その分類も「順接」「逆接」「並列」「累加」「対比」「選択」「転換」などに分けられますが、これにもさまざまな見解があります。

　しかし、こうした定義や分類はともかくも、接続詞が短いながら、次の文をどういう形で結びつけるのかという羅針盤の役目を果たしていることだけは、共通した認識です。

　文章を書く際の一番小さな単位が「文」です。

　文がいくつか集まった言語作品が「文章」です。

　文章を構成する文は、接続詞を通して、その意味するところが明らかにされます。

　順接でつなぐのか逆接でつなぐのかによって、伝える側の視点が変わります。

　接続詞は文章という海を航海するために必要欠くべからざる羅針盤なのです。

　接続詞をテーマにした本の多くは、「逆接」なら、そのカテゴリーに入る「しかし」「けれども」「だが」などをまとめて説明しています。

　しかし、ある接続詞を調べたいと思ったら、わざわざ巻末の索

引を覗きにいかなくてはなりません。

　教養としての接続詞を学ぶにはいいのですが、文章を書いているときにすぐ調べたい場合には、利便性に欠けます。

　そこで本書の第2、第3章では、接続詞を辞書のように五十音順に掲載しました。

　密接に関連したり、使い方に注意が必要な接続詞については、一つの項で解説するようにしました。

　たとえば「および」の項には「ならびに」も併記しています。

　これらの接続詞は「並列」の意味がありますが、それぞれに含まれる概念が異なります。

　特に法律用語は、大きな概念と小さな概念で使い分けされています。こうしたことが、一項目のなかでわかるように配置しています。

　また、接続詞のカテゴリーごとに調べられるようにもしました。

　たとえば、「逆接の接続詞」を引けば、「しかし」「けれども／けれど」「だが」「が」「ところが」という種類を採録していることがわかるようになっています。

　文章を書くための「接続詞」を意識し、手元に置いて、辞書代わりに使えるように構成しました。また、本書を最初から通読してもわかりやすいように例題を配置し、その解説を併記しました。

　接続詞がどういう働きをするのか、を体感してもらいたいと思い、第1章では「接続詞が与える印象の重要性」を記しました。「犬がいる」という共通した一つの文に、さまざまな接続詞をつなげてできる文章がどういう効果をもたらすかを見ていただき

たいと思います。

　第4、第5章では、接続詞を使って「起承転結」を導く方法を解説しました。

「起承転結」は、必ずしも結論を最後に持っていくという意味ではありません。

　文章の構成を意識するうえで、接続詞を使って文脈をつくることに主眼を置いています。

　そのため、同じ文章で始まる「起」の部分から、順接と逆接の接続詞を使った2パターンの「承」を書き、そこから2パターンずつ、計4パターンの「転」と「結」を導いていきます。

　書き出しは同じ文章でも、接続詞の選択と解釈によってまったく異なった展開になります。

　比べて読めば、接続詞が文章の羅針盤だということが理解できると思います。

　接続詞は文と文、ことばとことばを結びつける役目があります。

　改めて、接続詞に注目することで、文章がより豊かに展開できるようになります。

　どうぞ、ページを開いてください。新しい文章へのアプローチが見つかるはずです。

　2024年新春　　　　　　　　　　　　　　　　前田安正

接続詞一覧の見方

　第2、第3章で、接続詞を辞書のように五十音順に並べて、引きやすくしました。一方で、通読してもわかりやすいように構成しています。「**だから**」を例に説明します。

だから   因果

前の事柄が原因となって、引き出される結果を示す

類似する接続詞 ⇒ 「そして（そうして）」（継起）を参照（95ページ）

　見出し語「だから」の右に接続詞の分類［因果］、下段に概略［前の事柄が原因となって、引き出される結果を示す］を載せています。また、類似する接続詞も併記しました。併せてお読みいただくと、ニュアンスの違いがわかると思います。
　なお、関連性の強いものから並べているので、一部、五十音順から外れています。

そうでありながら   逆接

類似する接続詞 ⇒ 「それでいて」を参照（111ページ）

　また「そうでありながら」のように、関連した接続詞「それでいて」にまとめて解説しているものもあります。その際は参照ページをご覧ください。

接続詞の種類
（た行～わ行）

「起承転結」をつなぐ
接続詞1

第5章

「起承転結」をつなぐ
接続詞2

第 1 章

接続詞が与える
印象の重要性

接続詞と接続助詞

例：そのワインは安い。おいしい。

　例にあげた二つの文は、それぞれ独立しています。

　そのため、「そのワインは安い」と「おいしい」の関係がはっきりしません。

　そもそも「おいしい」が、このワインのことを指しているのかどうかもわかりません。

A：そのワインは安い。しかしおいしい。

　このように「しかし」という逆接の接続詞を付けると、「安い」と「おいしい」の関係がしっかり見えてきます。

　さらに、一般的においしいワインは値段が高い、とされる価値判断を逆転させてもいるのです。

B：そのワインは安いがおいしい。

　こう書き換えても文意は同じです。

「安いが」の「が」は接続助詞と呼ばれるものです。

　接続詞と接続助詞の文法的な違いは、文節で説明できます。

　文節とは、文の構成要素で、文を実際の言葉として不自然にならない程度に区切ったとき得られる最小のひとまとまりのものです。

　それぞれ文節で区切ってみると、こうなります。

　Ａ：その／ワインは／安い。しかし／おいしい。
　Ｂ：その／ワインは／安いが／おいしい。

　接続詞「しかし」は単独で文節となります。
　一方、接続助詞「が」はそれ単独で文節になれないのです。

　しかし文法による違いを説明するより、文章における接続詞と接続助詞の役割の違いを考えるほうが、文章を書くときには重要です。

　接続詞と接続助詞を使ったときの、文の違いは二つあります。

①接続詞を使ったほうが1文が短い

　接続詞を使ったＡは、最初の文が９字、次の文が８字で合計17字です（句読点を含む）。

　接続助詞を使ったＢは、14字です。

　Ａのほうが全体として長くなっているじゃないか、と言う方もいらっしゃると思います。

　ここで比べるのは１文の長さで、文章全体の長さではありません。

ところが、接続助詞を使うと、1文はどんどん長くなります。たとえば、次の【例1】を見てください。

例 1

私の仕事は不規則なので、普段、家族との団らんがなかなか持てないので、夏休みくらいは家族とゆっくり過ごす時間がほしいと思うが、最近は子どもも大きくなってきたので、クラブ活動などで忙しいので、時間の摺り合わせが難しくなっているが、今年はクラブ活動が休みの時に何とか一緒に過ごせそうだ。

これは1文でできており、140字あります。

緑字で示した「ので」「が」が接続助詞です。くねくねと長い文になっていることがわかると思います。

1文が長いため、同じようなことばを繰り返さなければならず、簡潔とは言いがたい文になってしまうのです。

【例1】を接続詞を使って書き換えてみます。

例 2

私の仕事は不規則だ。そのため普段、家族との団らんがなかなか持てない。せめて夏休みくらいは家族とゆっくり過ごす時間がほしいと思う。最近は子どもも大きくなってきた。クラブ活動などで忙しく、時間の摺り合わせが難しくなっている。ところが今年はクラブ活動が休みの時に何とか一緒に過ごせそうだ。

【例2】の文章全体の長さは【例1】とほぼ変わらず 141 字です。
　しかし、接続詞を使うなどして六つの文にわけました。こうすると 1 文は最長でも 31 字です。

【例2】のほうが、読みやすいことがわかると思います。
　文脈によっては、必ずしも接続詞、接続助詞が必要ないものもあるのです。
　1 文が短いと主語（部）と述語（部）のつながりがシンプルになるので、わかりやすくなります。

【例1】は「私の仕事は不規則なので」から始まります。
「私の仕事は」という主語（部）が「不規則」に掛かるはずです。
　ところがそのあとに「なので」と続くため、どの述語（部）に結びつくのかがはっきりしません。
　あれこれ続いて文末の「何とか一緒に過ごせそうだ」にまで行き着きます。
　すると、ここが述語（部）のようにも読めて文意が通りません。

　1 文が長いと主語（部）と述語（部）が、はっきりしなくなります。
　そのため、回りくどく文意の通りにくい文ができるのです。
　接続詞は迷走する文を簡潔に整理する効果があります。

②接続詞を使ったほうが対比が際立つ

改めて 12 ページの A と B の文を見てみます。

A：そのワインは安い。しかしおいしい。

B：そのワインは安い*が*おいしい。

　Bは、ワインが「安い」「おいしい」という二つの要素を一つの文に組み込んでいます。
「安い」と「おいしい」が、ひとかたまりのように「安いがおいしい」と認識されるので、驚きが少ないのです。

　一方、Aはワインが「安い」と、「おいしい」という要素は、それぞれ異なる文で語られています。
　それを「しかし」という接続詞が、「安い」という要素と、通常相反する「おいしい」という要素を対比させています。
　そのため、読み手の概念を逆転させる意外さを強調できるのです。

　これが接続詞による効果です。
　ここでは「しかし」という逆接の接続詞を取り上げて説明しました。これは、多くの接続詞に共通します。

　接続助詞を一概に排除しようとは考えません。ただし、簡潔な文をつくることを目指すために、あえて接続助詞を使わない意識を持つことは重要だと思います。

　なお本書では、文法的な区分を参考にしながら、文章における接続詞の役割を考えていきたいと思います。
　そのため、文法書とは少し異なる解釈なども出てくるかと思いますが、ご容赦ください。

ま｜と｜め

接続詞を使うと

① 1 文が短く簡潔になる

② 対比がはっきりする

③ あえて、接続助詞を使わない意識を持つ

文章の脈をつくる

接続詞は、前の文とそれに続く文の関係を示す指標になります。「犬がいる」に、さまざまな接続詞をつけて、それに続く文を考えていきましょう。

- ・犬がいる。**だから**、うちの犬を近づけないようにしよう。
- ・犬がいる。**おかげで**、心が癒やされる。
- ・犬がいる。**それで**、犬が苦手な僕はその路地を避けて登校している。
- ・犬がいる。**しかし**、人懐こいので番犬にはならない。
- ・犬がいる。**とはいえ**、猫も一緒に飼いたい。
- ・犬がいる。**そして**、飼い主とじゃれ合っている。
- ・犬がいる。**そのうえ**、羊もいる。

緑字で示したものが接続詞です。

「犬がいる」に続く文の展開を接続詞が導いていることがわかると思います。

それぞれの接続詞がどういう役割を果たしているのかについては、次の項目で詳しく見ていきます。

その前に、文章はどう展開していくのかについて、接続詞を通して考えてみたいと思います。

　改めて「犬がいる」に続く文を見てください。

　どの例も「犬がいる」は共通しています。その後の展開によって、「犬がいる」風景が変わっていることにお気付きでしょうか。

モンタージュ理論とは

　旧ソ連の映画監督セルゲイ・ミハイロビッチ・エイゼンシュテインは、「モンタージュ」という映像理論を確立しました。

　それは「後ろの映像は前の映像に影響される」というものです。

　エイゼンシュテインは映画「戦艦ポチョムキン」で、その理論を確立しました。次の映像の切り抜きで見てみましょう。

①

②

※シロクマの映像（著者撮影）以外は、「戦艦ポチョムキン」より。

①は、兵士が銃を構えて何かを撃っています。

　その次に女性が苦痛に顔をゆがめて後ろに倒れる映像が続きます。最初の映像には兵士が何を撃ったかが示されていません。

　ところが、次の映像がつながることによって、兵士が女性を撃ったという流れをくみ取れるのです。

　②は、シロクマがこちらを向いて吠えています。この映像も、シロクマが何に向かって吠えているのかは読み取れません。

　しかしその次に、女性が苦痛に顔をゆがめて後ろに倒れる映像が続きます。

　そうすると見ている側は、女性がシロクマに襲われたという流れを理解するのです。

　女性が苦痛に顔をゆがめて後ろに倒れる映像は①②とも共通しています。ところが、「銃で撃つ」「シロクマが襲う」という前の映像によって、女性の身に起こったストーリーが変わってきます。

　前の映像が後ろの映像に影響することがわかると思います。

　映画にとどまらず、今ではテレビドラマでもごく自然に使われている手法です。モンタージュの手法はエイゼンシュテイン以降、より高度に展開し表現の幅を広げています。

文章もモンタージュ理論でつくる

　実は文章をつくる際にも、モンタージュの理論は有効なのです。

　文章を書く際には、前の文を受けて次の文をつくるという作業を繰り返します。ここにモンタージュ理論を応用できるのです。

もっとも先の「犬がいた」の例は、同じ文が前に来ています。

映像に置き換えると、同じ映像が前に来ていることになります。

これはモンタージュ理論と異なるじゃないか、とおっしゃるかもしれません。

①と②の映像の切り抜きはモンタージュ理論の説明を図式化してお伝えするためです。

同様に「犬がいた」の例も接続詞を図式化したためです。

要は、同じ文の位置が問題なのではなく、**後ろの文や映像は、前の文や映像に影響される**ということを理解してほしいのです。

前の文がどういう意味を持っているかで、後ろの文に影響します。これが文章におけるモンタージュ理論なのです。

私たちは「論理的に文章を書く」ことがいいということは、共通した理解だと思います。

しかし、それは漠然とした理解にとどまっているのが実情です。

接続詞は前後の文章のつながりを明確にするもの

どうすれば論理的に書けるのか、については「5W1H」や「起承転結」を使えと教わるものの、実際にそれをどうすればいいのかにたどり着けません。

これについて気になる方は、プロフィール欄にある拙著を参考にしていただきたいと思います。

本書がテーマにしている接続詞の使い方も、文章を論理的に書く際に有効です。

　同じ文が前にあっても、次に続く文は異なります。
　その際に前の文と後ろの文がどういうつながりで結びついているのかを明確にする役目が、接続詞にはあります。
　どういう展開にするかによって、接続詞を選択しなくてはなりません。

　さらに、読み手は文脈（文と文とのつながり）を頭の中で組み立てながら読んでいきます。
　それは読み手の経験による論理を頼りに理解しようとする試みでもあります。
　その際に、文脈がうまくつながっていなかったり理解しづらかったりすると、読み手が想定する論理から大きくはずれてしまうことになります。

　読み手が想定する論理を裏切ることは、書き手の醍醐味でもあります。
　しかし、それは丁寧に綴っていかないと、誰にも理解されない独りよがりの文章になってしまいます。
　接続詞は、そうした論理の展開や文脈をうまく誘導する役目を担っているのです。

ま｜と｜め

①後ろの文は前の文の影響を受ける

②接続詞は、論理・文脈を誘導する役目を果たす

③映画のモンタージュ理論を文章にも応用しよう

論理展開に役立てる

接続詞の一例と役割

前項では、

①文章をつくるときにモンタージュ理論を応用できる

②文をつないでいく際には、接続詞が文脈を支える

ということについて、お話ししました。

ここでは、「犬がいる」の例文に使われている接続詞を概観し、論理を展開するうえでどういう役割を担っているのかを考えようと思います。

- 犬がいる。だから、うちの犬を近づけないようにしよう。
- 犬がいる。おかげで、心が癒やされる。
- 犬がいる。それで、犬が苦手な僕はその路地を避けて登校している。
- 犬がいる。しかし、人懐こいので番犬にはならない。
- 犬がいる。とはいえ、猫も一緒に飼いたい
- 犬がいる。そして、飼い主とじゃれ合っている。
- 犬がいる。そのうえ、羊もいる。

だから

「だから」を付けて、「犬がいる」ことを理由に、「うちの犬を近づけないようにしよう」という**判断**が導かれています。そこに

は、犬どうしがケンカをするのではないか、という飼い主の考えが反映しています。

おかげで

「おかげで」は、基本的にプラスの内容が示されます。「犬がいる」ことが、「心が癒やされる」**理由**になっているというプラスの要因を表しています。この場合「犬がいる」は、「犬を飼っている」という意味として、解釈できます。

それで

「犬がいる」ことが**原因**で、「（犬のいる）その路地を避けて登校している」ということがわかります。

　以上は「順接」で、おもに「原因」や「理由」を表す「因果」の役割があります。いずれも「犬がいる」を受けて、その流れから想定される結果を導いています。
　第２、第３章では「順接」という分類を設けていません。文意が予想される結果を表す接続詞が、順接です。
　逆接以外はほぼ順接の流れを汲むので、より具体的な役割を記す方が接続詞の理解に役立つと考えたためです。

しかし

「しかし」は、自らが**期待とは異なる評価**を加えています。
　ここでは、犬に家の番を期待していたが、人懐こいのでその役

目は難しいことを表しています。

「しかし」には、前に示されたことを否定する感覚があります。ところがこの場合、必ずしも犬の存在を否定するものではありません。番犬として期待していたものとのギャップを言っているのです。

とはいえ

「とはいえ」は、犬がいるので本来なら猫を一緒に飼うのは難しいのだが、という**制約**を示しています。

　これらは、逆接を表します。前に書かれたことと後に書かれたことが矛盾している場合に用いられます。

「とはいえ」は、条件や例外を述べる接続詞で、本書では「制約」というカテゴリーに加えています。

そして

「そして」は、犬が飼い主とじゃれ合っているという**状況を補足**しています。「そして」には、続いて起こることを導く「継起」の役割があるからです。

そのうえ

「そのうえ」は、犬のほかにも羊がいるということを重ねて述べる「累加」の働きを担っています。これによって、犬と羊がいる牧場のイメージも喚起されます。

接続詞は読み手の負担を 軽くする効果がある

「犬がいる」という最初の文はすべて同じです。ところが、その後に続く文はそれぞれ異なっています。

　接続詞は「犬がいる」と、続く二文目がどういう関係にあるのかを示していることがわかると思います。

　・犬がいる。**だから**、うちの犬を近づけないようにしよう。

　という文章は、「だから」という接続詞を置いて、二文目の「うちの犬を近づけないようにしよう」という判断を示しています。

　この次には、

そのため、いま来た道を戻ろう。

という文を続けることができます。

　ここには「そのため」という「因果」の接続詞が付いています。これは、その前の「だから」に導かれ、「いま来た道を戻ろう」という新たな判断を示しています。詳しくは 28 ページで解説します。

　これらの文から接続詞を省いてみます。

犬がいる。
うちの犬を近づけないようにしよう。
いま来た道を戻ろう。

接続詞がなくても文脈を追えば、言わんとすることはわかります。しかし文章の流れを想像しなくてはならず、読み手にとっては負担がかかります。

　また、書き手としても意図がしっかり伝わっているかどうか不安が残ります。

　書き手の不安と読み手の負担を取り除き、それぞれの文を論理的につないでいく役目が接続詞にはあるのです。

文章に応じて接続詞を使い分ける

改めて見ていきましょう。

> 犬がいる。
> ⇒ だから、うちの犬を近づけないようにしよう。（因果）
> ⇒ そのため、いま来た道を戻ろう。（因果）

「犬がいる」という文に、「因果」の接続詞「だから」で導かれる文は「うちの犬を近づけないようにしよう」という判断を示しています。さらに「因果」の接続詞「そのため」が付く文は「いま来た道を戻ろう」という、より具体的な判断を導いています。

　接続詞を追っていくことで、書き手の論理思考が理解しやすくなっていることがわかると思います。

　もう一つ、逆接の例を見てみましょう。

> ・犬がいる。しかし、人懐こいので番犬にはならない。

　この文章は、二つの文からできています。

１．犬がいる。
２．人懐こいので番犬にはならない。

　この二つの文には、もともと直接的な関係性はありません。
「人懐こい」のが、１文目の「犬」のことを指しているかどうか
が明らかではないからです。
　１文目の「犬」と、２文目の「人懐こくて番犬にならない犬」は、
それぞれ別の犬を指している可能性もあります。

　この二つの文の関係を結びつけているのが「しかし」という逆
接の接続詞です。
　その効果で、１文目と２文目の「犬」が、同じであることがわ
かります。
　さらに「犬がいる」は、犬を飼っているという意味だというこ
とが認識でき、この犬が、人懐こいので番犬にならない、という
文脈をつくっているのです。
「しかし」という、書き手の期待とは異なる状況を示す接続詞な
ので、飼い主（書き手）としては、番犬としての役割を期待して
いたことがわかります。
　接続詞「もっとも」を使って文章をつなぐと、この犬に対する
飼い主の愛情も表現できます。

犬がいる。
⇒しかし、人懐こいので番犬にはならない。
⇒もっとも、そこがこの犬の魅力なのだが……。

制約の接続詞「もっとも」には、「番犬にはならない」という前の事柄を受けつつも、それに反することを付加する役目があるからです。

　例を見てきたように、接続詞は単に文と文をつなぐだけの役割にとどまりません。

　そこには、書き手の論理展開のみならず感情の動きさえも導き、それに沿った文脈を生み出す役目があるのです。

　そのため接続詞をうまく利用すると、伝えたい内容を論理的かつ情感豊かに組み立てることができるのです。

　次の章から、具体的に接続詞の種類を見ていこうと思います。

> ## ま｜と｜め
>
> ①接続詞は読み手の負担を軽くする
>
> ②接続詞を使えば、伝えたい内容を論理的に組み立てられる

接続詞は、読み手に次の展開を予想させる装置

どこまでが接続詞?

　接続詞は一般的に「活用のない自立語で、主語や修飾語にならず、独立語として単語と単語、また前後の文節や文を接続する働きをもつもの」と解釈されています。

　しかし「接続する働き」に関しては、副詞や連語と言われるものも、その役目を担っています。

　そのため「接続語」という言い方をする研究者もいます。

　本書で取り上げた「たとえば」「つまり」は副詞などに分類されています。

「それにしても」は、「それ」という代名詞に「にしても」という連語が組み合わさったものです。

「にしても」をもう少し詳しく分類すると、断定の助動詞「なり」の連用形「に」に、サ変動詞「する」の連用形「し」と接続助詞「て」、係助詞「も」が付いたものです。

　接続詞の多くは、他の品詞から派生しているとみることができます。

　ですから、実用においては、厳密に定義することが必ずしも重要だとは思いません。

　厳密な分類は他に譲ることとし、本書では、文と文をつないでその内容をつなぐことばを、広く接続詞として取り上げました。

接続詞の分類

　接続詞は、前後の文や語をつなぐ役目があります。

　その役割は、いくつかのグループに分けて説明されています。

　代表的なものは、順接（だから、したがって）、逆接（しかし、ところが）、並列・累加（しかも、そして）、対比・選択（あるいは、または）、説明・補足（つまり、なお）、転換（さて、では）など六つに分けられたり、これをさらに細かく分けたりしたものもあります。

　順接の「だから」や、逆接の「しかし」は、説明や補足として使われることがあります。**文法的な区分より、文章を書く際にどう機能するかを知る方が重要**です。

> **このワインは高い。だから美味しい。**
> **このワインは高い。しかし、味はいまひとつだ。**

　この二つの例では、ワインが高いということは同じです。しかしその評価が違っています。

　この場合、「だから」を順接、「しかし」を逆接という文法的な区分で説明できます。

　一方で「このワインは高い」ということに対する説明・補足と考えることもできます。

　文法としては、こうした厳密な区分けや違いは、その役割を明確にするために必要です。

　しかし僕たちが文章を書いていく際に、厳密な文法的区分は必ずしも大きな意味を持ちません。

　読み手に理解されるように接続詞を使うことの方が、よほど実用的で重要です。

　とはいえ、接続詞の大まかな役割を示さないと解説できません。本書では逆接・仮定・因果など、14 に分類しました。

　意味が重なったり、複数の意味をもったりする接続詞もあります。それらを一つの分類にまとめて説明したものもあります。

　本書は、いわゆる文法書ではありません。文章を書くうえで接続詞をうまく使おうという趣旨でまとめています。そのため細かい文法解釈を取っていません。

　たとえば、ここには「順接」という分類を省いています。「順接」は「当然予想される結果」が現れることを示すものです。それは「帰結」「仮定」などを通して機能するものが多いからです。そのため、敢えて順接を単独で説明する必要はないと考えたからです。

　また、「比較」と「対比」を分けて分類しているものもありますが、本書ではまとめて「対比」としています。それは、「比較」と「対比」の細かい違いより「比較してその違いを明確にする」ことの方が文章を書くうえでは、より重要だからです。そのため、大きな括りとして次の 14 分類にまとめました。それでも、かなり多い分類になっています。接続詞の使い方の参考にしてください。

[逆接] 前後で矛盾・反対する内容を示す

[仮定] ある条件を設定し、その内容を示す

[因果] 理由・根拠を前提に、結果や結論を示す

[対比] 事柄を比べて、違いなどを明確にする

[結論] 前に書かれたことを受けて、その結果を示す

[累加] 前に書かれたことに加えて説明する

[継起] 続いて起こることを示す

[制約] 条件や例外を示す

[並立] 同時に成り立つ内容を示す

[換言] 別の言い方に変える

[選択] 示された事柄のうちどちらかを選ぶ

[例示] 具体的な例をあげて説明する

[順序] 説明の順序を示す

[転換] 前の話題から異なる話題に移す

ま｜と｜め

①接続詞に定義はいろいろある

②接続詞の文法的な意味は重要

③それ以上に、文章を書く際にどう使いこなすかが重要

Column 1

「順序の接続詞」を使う際の
落とし穴

「順序の接続詞」は、文章の流れをつくる際に非常に便利です。
ところが、その使い方には少し注意が必要です。
次の文章を見てください。

> この夏、私はハワイでサーフィンを教わりました。とても
> 楽しかったです。
> その理由の一つ目は、全日晴れていたからです。二つ目の
> 理由は、ハワイの人がとても親切だったからです。三つ目
> の理由は、食べ物がおいしかったからです。

この文章は、5W1H の 5W を意識して書いた文章だというの
です。細かく見ていくと 1 文目で、

いつ（WHEN）　　　＝この夏
誰が（WHO）　　　　＝私が
どこで（WHERE）　　＝ハワイで
何を（WHAT）　　　＝サーフィンを
どうした（DO）　　　＝教わりました

とあります。その後に「とても楽しかったです」という感想が

続きます。いわば4W1Dともいうべき構造になっています。

　その後に、なぜ（WHY）を補う形で、「とても楽しかった」理由を書き足しています。それが、

「全日晴れていた」
「ハワイの人がとても親切だった」
「食べ物がおいしかった」

　の三つです。

　しかし、この三つのWHYは「ハワイでサーフィンを教わった」という内容を掘り下げるものではありません。単に楽しかった事例を列挙しているだけです。これでは、WHYの意味がありません。

　ここで使われている「一つ目」「二つ目」「三つ目」は「順序の接続詞」のなかでも「理由やポイントを順番に説明する場合」に使うものです。
「第一に」「第二に」「第三に」という接続詞も同様です。

　ともに、順番を表す数字が入っているため、内容をわかりやすく整理することができます。

　ところがこの例では、それぞれがバラバラの内容になっているため、「ハワイでサーフィンを教わってとても楽しかった」を補足すべき説明として関連付けされていないのです。

　辛うじて「一つ目」にある「全日晴れていた」は、天候によって海の状況が変わるという意味では、補足説明になっているよう

に読めます。しかし、「二つ目」「三つ目」の理由と、サーフィン
を教わることとの関係を見いだせません。

「なぜ（WHY）」は、伝えたい内容を深く掘り下げるためのファン
クションです。

　この例では、「サーフィンを教わって楽しかった」内容に関連
するものを提示しなくてはなりません。「順序の接続詞」を使っ
て「理由」を列挙しても、読み手の理解を得られるものとはなり
ません。

　この形で理由を書くのであれば、

　一つ目の理由は、海の上に立つことができるからです。揺れて
動く波の上に立つ感覚は、地上とは違って不安定です。その不安
定さが浮遊感を生んで、何とも心地よいのです。二つ目は、波の
上を走る感覚を直接味わえるからです。うまくいった時には、自
分の意思が波に伝わったような気持ちになります。三つ目は、自
然の中では自分がちっぽけな存在だということがわかるからで
す。自分の足で立っていても、ほんの少しの波で簡単に海に放り
投げられます。簡単に言うことを聞いてくれないのです。

　こんな感じで、三つの理由を関連付けて記します。そして結び
につなげれば、一つのストーリーを書くことができます。

　もう一つ例を見てみます。
　僕が主宰しているライティングセミナーや大学で「犬と猫の違
いを400字で書いてください」というお題で文章を書いてもら

いました。すると、ほとんどの方が、

● 生物学的な違い
　　犬はワンワンと鳴く、猫はニャーニャーと鳴く
　　犬は骨格がしっかりしている、猫は丸みをおびている
　　犬の爪は外に出ている、猫の爪は普段は中に引っ込めている
● 社会学的な違い
　　犬は集団生活を好む、猫は単独生活を好む
　　犬は日中活発に動く、猫は夜行性
　　犬は双方向、猫は一方向のコミュニケーション
● 人との関わりの違い
　　犬は飼い主に従順、猫は気まぐれ
　　犬は飼い主と散歩する、猫はしない
　　犬は芸をする、猫はしない

という三つのパターンを組み合わせて書いてきます。
その際に、書き出しの部分は、

・皆さんは犬と猫の違いを考えるとき、どんなことを思い浮
　かべるだろうか。
・犬と猫の違いについて、その鳴き声から考えてみたい。

というように、これから書く内容について「どんなことを思い
浮かべるだろうか」と読み手に問いかけたり、「鳴き声から考え
てみたい」のような前置きを書いたりします。
　この時点で読み手は、魅力ある文章ではないことを嗅ぎ取って

しまいます。

　本文に移ると、「はじめに ･･･」「まず ･･･」という接続詞を使って、犬と猫の「生物学的な違い」を書いていきます。

- はじめに、犬と猫の大きな違いは、鳴き声です。犬はワンワンと鳴き、猫はニャーニャーと鳴きます。
- まず、犬と猫の違いをあげたいと思う。犬は骨格がしっかりしていて、猫は丸みをおびている。

といった具合です。ひとしきりその違いを書いた後に「次に」などの接続詞を使い、動物の「社会学的な違い」を続けます。

- 次に、犬と猫の行動の違いを見ていきたい。犬は集団生活を好み、猫は単独生活を好む。
- ついで、コミュニケーションの取り方を考察したい。犬は双方向で、猫は一方向の傾向がある。

　これに関する文献を調べて記していきます。そして、「さらに」などで、「人との関わりの違い」を書き足していきます。

さらに、犬は飼い主に従順、猫は気まぐれであり、犬は芸をするが猫はしないなどその行動やコミュニケーションの取り方との違いにも現れる。

　そして、ここまで書いた内容を結論に結びつけるため、「この

ように」という接続詞で締めくくります。

> **このように、**同じ愛玩動物として長い歴史を持つ犬と猫で
> はあるが、違いがあるのである。

「はじめに」「次に」「さらに」という順番を経て、犬と猫の違い
を並べ、「このように」でまとめに入るのです。

　しかし、文章としては、面白いものではありません。ちなみに
生成AIに同様の課題で書いてもらうと、ほぼ同じ組み立て、内
容になるのです。生成AIに書けるものを僕たちがわざわざ書く
必要はありません。「自分にしか書けない」文章を書かなくては、
価値が生まれないのです。

「順序の接続詞」を使うことは、決して悪いことではありません。
特に、リポートや論文を書く際には、文章の流れをわかりやすく
導くことができるからです。それは、論理をサポートし、主題を
より明確にするための羅針盤として有効だからです。

　そのため「順序の接続詞」を使う際は、序盤、中盤、終盤の内
容が、それぞれが違う視点でありながら全体として連環して主題
を掘り下げるような組み立てになっていなくてはなりません。
「順序の接続詞」を使えば論理的な文章ができるわけではなく、
論理的な文章をつくるために「順序の接続詞」を利用することが
重要です。

第 2 章

接続詞の種類
あ行〜さ行

あ

あげくに／あげくの果てに

順序

前に書かれたことを受け、最後に結果を導く
通常、好ましくない結果を示す

類似する接続詞 ⇒ 「順序の接続詞1」を参照（77ページ）

「あげくに」は、最後の最後に表れる結果を導く接続詞です。
「結局のところ」「その結果として」「とどのつまり」という意味
があります。

　前に書かれたことに加えて、マイナスの方向の結論を示します。
「あげくの果てに」は、「あげくに」を強調する言い方です。
「あげく」「そのあげく」などの形でも使われます。

①旅先で道に迷った。あげくに財布まで落としてしまった。
②さんざん放蕩を繰り返し、親に勘当された。あげくの果
　てに人様のお金にまで手を付ける始末だ。

　①は旅先でのトラブルについて、書いています。道に迷うとい
うトラブルに続いて、さらに財布を落としたという好ましくない
状況を導きます。

　②も同様で、放蕩⇒勘当の流れから、さらに悪い結果をもたら
したことを表現しています。

「果てに」ということばが「最終的に行き着いた先」という意味を含んでいるので、強調する言い方になっています。

あるいは　　選択

示された事柄のどちらかが選択されることを示す

類似する接続詞 ⇒「それとも」「ないし」「ないしは」「または」「もしくは」

「あるいは」は、同じような事柄のうち、どちらか一方を選ぶときに「…あるいは…」の形で用いられます。

また「もしかすると」という副詞的な用法でも使われます。

①当旅館では、部屋着に浴衣あるいは作務衣をお召しいただけます。

②開催は来月 2 日の予定だが、あるいは、1 週間延びるかもしれない。

①は、旅館の宿泊者が浴衣か作務衣を選ぶことを前提に話をしています。基本的には、両方を選択することはできません。

②は、「もしかすると」という意味の副詞的な用法です。

①の場合は「または」で置き換えることができます。一方、②の副詞的用法では、「または」を使えません。

「あるいは」は「或」の漢文の訓読語として生まれたものです。「あるいは歌い、あるいは踊り」というように、「あるいは…、あるいは…」の形で使われたものです。やがて、「あるいは」が一つ省略されて使われるようになりました。漢文的要素があるた

め、書きことばやあらたまった場で使われることが多い接続詞です。

いずれにしても／いずれにしろ（いずれにせよ）

結論

何がどうあれ、ここまででわかっている結論を示す

類似する接続詞 ⇒「どちらにしても／どっちにしても」「どのみち（どっちみち）／どうせ」

「いずれにしても／いずれにしろ（いずれにせよ）」は、いろいろな過程を経たうえでの結果をいう「いずれ」という副詞に由来した接続詞です。

「どちらを選ぶにしても結局」「事情がどうであろうとも結局」という具合に、いくつかの選択肢や何らかの事情が重なったとしても、行き着く結論は変わらない、という内容を導きます。

「いずれにしても」は話しことばに、「いずれにしろ」「いずれにせよ」は書きことばに寄った表現です。

①予算の厳しさも、開催手続きの煩雑さも承知しています。いずれにしても、この大会だけは何とか招致したいと考えております。

②ひいきの野球チームが負けると落ち込んで仕事にならないし、勝てば嬉しくて仕事が手につかない。いずれにしろ／いずれにせよ、シーズン中は野球第一、仕事は二の次だ。

①は、予算や手続きなどが一筋縄ではいかない状況であったとしても、大会を招致したいという結論が揺らがないことを示しています。

②は、ひいきの野球チームが、勝とうが負けようが仕事にはならないという、ファン心理の行き着く先を導いています。

①と②は、いずれもさまざまな条件や事情があることを踏まえています。そのうえであるべき結論に収斂していくという構図が共通しています。

一方／他方 対比

二つの事柄の違いを明確にする

類似する接続詞 ⇒ 「その反面（その半面）」「その一方」

二つの事柄を比べると、その相違点が明確になります。その際に使われる接続詞です。

前後の文だけでなく、ひとかたまりの主張・意見が書かれている文章同士を比べることができます。

「一方」も「他方」も意味や用法は同じです。

「一方で」とすると、異なる事柄を同時に内包しているというニュアンスが加わります。

①長らく北半球の国々が経済を牽引していた。**一方**、グローバルサウスの国々は、IT関連の技術者が多く輩出するなどして、昨今力を付けてきている。

②スマホなどの普及で、電子書籍のコミックの売り上げが

45

> 大きく伸びている。他方、紙媒体では売り上げが下がっ
> ている。

　①は、北半球の国々とグローバルサウスを対比して、経済発展
の動向を分析しています。
「一方」の後に書かれた内容に重点が置かれています。
　②は、スマホなど電子機器の普及の影響による、電子書籍と紙
媒体のコミックの売り上げを対比させています。

　文章を書く際に、事柄を対比させると論旨が明確になります。
　メリットとデメリットをはっきり示して、選択しやすくする文
章をつくるときにも有効です。
「一方では」「その一方で（は）」「他方では」「他方においては」
などの形でも使われます。
「一方で」という言い方をすると、同一の事柄に対比する内容が
包含されている感覚を持たせることがあります。

> ・このマンションは駅から近く、スーパーもそばにあるので
> とても便利だ。一方で、日当たりがやや悪いのが難点だ。

　駅もスーパーも近いという利点と、日当たりがやや悪いという
難点が、このマンションの評価に共存しています。
　このマンションを借りる際の評価ポイントをどこに置くかとい
う判断材料を示しています。

いわんや

対比

類似する接続詞 ⇒ 「まして」を参照（161 ページ）

因果の接続詞

　結果や結論は、ある理由があって導き出されます。そのため、「因果の接続詞」は、文章のなかではよく使われます。

　原因と結果の間には、プラスの関係とマイナスの関係が備わっており、文章の流れによっては、結果より原因に重きを置かれるものもあります。文脈に沿った接続詞を選択すると、文章全体の骨組みがしっかりします。

「だから」「そのため」「したがって／ゆえに／よって」「それだけに」「おかげで／そのせいで」などがあります。

お

おかげで／そのせいで

因果

良い・悪いの評価を示す

「お陰」ということばに「で」という助詞がついてできたのが「おかげで」です。

「お陰参り」ということばもあるように、「お陰」は「ありがたい恵み」「助け」という意味です。

「おかげさまで」という丁寧な言い回しもあるように、後ろにプ

ラスの内容が示されます。これにマイナスの内容を置くと、皮肉な言い回しになります。

一方、「それがもたらした結果」「しわざ」という意味の「せい」が、元になった「そのせいで」は、後ろにマイナスの内容が示されます。

①チームのみんなが持てる力を存分に発揮してくれました。おかげで、無事プロジェクトが成功しました。
②無礼講とは言っても、あの振る舞いは行き過ぎだ。おかげで、せっかくの座が台無しになってしまった。
③若いころは毎日のように、深夜まで飲み食いしていた。そのせいで、40歳代後半から体調を崩していった。

①は、プロジェクトの成功の陰にあったチームの力に対して、ありがたいというプラスの評価を表しています。
②は、「そのせいで」としてもいいところを「おかげで」という接続詞を使っています。
プラスの評価を伴う接続詞によって、責任の所在を追及するというより、座を台無しにした振る舞いに対する皮肉がより濃く表現されています。
③は、「毎日のように、深夜まで飲み食いしていた」というマイナスの原因がもたらした結果が、後半に示されています。「そのせいで」を「そのせいか」に置き換えると、

・若いころは毎日のように、深夜まで飲み食いしていた。そのせいか、40歳代後半から体調を崩していった。

のように、40歳代後半から体調を崩したマイナス原因が、断定できない表現になります。

おまけに

累加

前述の内容に関連する事柄を強調する

類似する接続詞 ⇒ 「しかも」

やや砕けた表現として、先行の事柄に後行の事柄が添加されることを示します。多くの場合は、好ましくないことについて使われます。「しかも」と同様、ダメを押す感覚が含まれています。

まれに好ましい内容の場合に使われることもあります。

①京都は盆地なので、夏は暑く湿度が高い。おまけに、冬は底冷えする。
②彼は投手として20勝をあげ、打者としても3割以上をマークしている。おまけに、周囲への気配りや礼儀もしっかりしている。

①は、夏場の蒸し暑さだけでも厳しいという状況が説明されています。さらに冬の寒さもそれにまして厳しいという、ダメを押す感覚が含まれます。

②は、野球選手として投打に見事な活躍をしていることが、先に説明されています。

それだけではなく、人間としても見事だということが後ろに書かれています。これは、好ましい状況を書いています。

その一方で、非の打ちどころがない選手に対する尊敬と驚きと

共に、遠い存在であることを認めざるを得ないという、感覚が入り混じります。

および／ならびに

同時に成り立つ内容を並べる
類似する接続詞 ⇒ 「かつ」

　前半の事柄について、同時に成り立つ状況や同じ状態であるものを、後半に示す役割があります。

　「および」の前に書かれたことは、後ろの事柄より大きな概念・上位を示す傾向があります。また、法律用語では「及び」「並びに」と漢字書きし、明確に使い分けています。

①海外研修の条件は、上長の推薦およびTOEIC850点以上が必要とのことだ。
②企業の発展には、ビジョンならびに人材の確保が欠かせない。
③第103条第2項及び第4項並びに前条に規定する場合を除くほか・・・

　①は、上長の推薦とTOEIC850点以上を同等のものとして併記しています。これは、海外研修に行くためには、どちらも欠くことができない条件として同等の価値があることを示しています。

　並列するものが複数に及ぶ場合は、概念として大きなもの、上位にあるものから順に書いていく傾向にあります。

- 都道府県**および**市区町村
- 大学、高校**および**中学

①の場合は、TOEIC の点より、上長の推薦の方が上位にあるとも読めます。

②は、ビジョンと人材の確保が、企業の発展に同等の価値を持っていることがわかります。「ならびに」は、

- 新郎新婦**ならびに**ご両家のみなさま

などのように、あらたまった場で使われることの多い、やや硬い表現です。

③は、公職選挙法の「当選証書の付与」第 105 条の一部です。

ここでは、「及び」と「並びに」という表記で書かれています。

①や②のように、複数のものを同等の価値として並列させる一般的な役割と異なり、法律文書などでは、「選択的接続が二段階にわたる場合、大きい方の接続に『並びに』を用い、小さい方の接続には『及び』を用いて区別する」と定めているからです。

平たくいうと、違いを明確にするため、事柄の大小や上下などの階層を付けて使い分けるのです。

③では、第 2 項と第 4 項の間には「及び」、前条の前には「並びに」を置いています。これは「条」を大きい概念とし、その下位に「項」を位置づけているからです。

「第 103 条第 2 項及び第 4 項並びに前条」は、

・［（第 103 条第 2 項+第 4 項）＋前条］　⇒　［（A ＋ B）＋ C］

「A 及び B 並びに C 及び D」なら、
⇒　［（A ＋ B）＋（C ＋ D）］

　という形で表現できます。こうした概念は、一般の文章にも共通した傾向が見られます。

おわりに

順序

類似する接続詞 ⇒　「順序の接続詞 1」を参照（77 ページ）

接続詞 か〜こ

かくして

結論

類似する接続詞 ⇒ 「このように」「こうして」を参照（60 ページ）

が／がしかし

逆接

類似する接続詞 ⇒ 「しかし」を参照（69 ページ）

かつ

並列

同じ事柄や人について、同時に成り立つ状況を示す

類似する接続詞 ⇒ 「および／ならびに」

①娘は子どものころから、よく笑い、かつ、よく食べた。

　①は、娘の特長を二つの視点から記しています。これは双方とも同時に成り立った状態を説明しています。この場合は「笑う」と「食べる」という動詞を結んでいます。他にも、

・必要かつ十分（名詞）
・厳しくかつ優しい（形容詞）
・先進的でかつ実用的なデザイン（形容動詞）

というように、対になることばについて並列することができます。もともと「且」の訓読に由来しています。

　漢文調で硬い印象があるため、書きことばで使われることが多い接続詞です。「なおかつ」という形でも使われます。

1. 法律に明るく、**なおかつ**数学にも強い。
2. 失敗しても、**なおかつ**挑戦する姿には頭が下がる。

　1の場合は「なお」を強調した形で、「そのうえさらに」「そのうえまた」という意味になります。

　2は、同時に成り立つ状況ではなく、「それでもまだ」「それでもやはり」という状況を重ねて書く「累加」の用法になります。

仮定の接続詞

ある条件を設定し、その内容を示す

　仮定を設定して、その内容を示し結論に導く接続詞です。根拠となる事柄がじゅうぶんでなくてはなりません。
「そうすれば／そうすると」「そうしたら」「さもないと／さもなければ（さもなくば）」「そうだとしても」「そうであっても」「そうしたところで」「そうしたとしても」などがあります。

かてて加えて   累加

類似する接続詞 ⇒ 「加えて」を参照（57 ページ）

かといって   逆接

類似する接続詞 ⇒ 「そうかといって」を参照（86 ページ）

換言の接続詞

わかりやすい表現に言い換える

　先に書かれたことが読み手に理解されにくいかもしれない、と思うことがある場合、その後に表現を言い換えて、わかりやすくするために用いる接続詞です。

　この接続詞の後は簡潔に要点を書く必要があります。

「すなわち」「つまり／つまるところ」「要するに」などがあります。

き

逆接の接続詞

前と後ろで矛盾する内容を示す

　逆接の接続詞は、ある事柄に対して反対や矛盾の関係にあることを示すものです。

　いったん事実を認めたうえで新しい事実を重ねる場合や、反対

や矛盾ではない場合にも使われます。

「しかし」「けれど」「だが」「が」「ところが」「にもかかわらず」「そうかといって」「そうはいっても」「そうはいうものの」「さりとて」「それでいて」「それでいながら／そうでありながら」「それにしては」「それにしても」「それでなくても」「だからといって」などがあります。

逆に（逆に言えば／逆に言うと／逆から言うと）　対比

対比した内容を反対の視点で述べる

前に書いた内容に対し、反対したり別の観点からの内容を述べたりするときに用いられます。「逆に」は「逆に言えば」「逆に言うと」「逆から言うと」を略した形と言えます。

①海外旅行は、毎年3回ほど出かける。逆に、国内旅行はほとんど行ったことがない。
②ロールモデルがないので、チャレンジしづらいという人がいる。逆に言えば、先例にとらわれず好きなようにできるという利点もあるということだ。

①は、旅行に関して海外と国内を対比させ、「国内旅行はほとんど行ったことがない」ということを主眼に置いた書き方です。
②は、先例がないことを理由にチャレンジしづらいという意見に対し、むしろ自由にできるのではないか、という視点の違いを述べています。

「逆に」を「逆に言えば」「逆に言うと」「逆から言うと」に置き換えても違いはありません。たとえば、

> ・彼は人の意見をよく聞いて柔軟に対応できる。**逆に言えば**、決断力に欠けるとも言える。

という具合です。この場合、前半の内容を受けて、後半で反対の視点を示しながら皮肉を交えた表現になっています。

具体的には   例示

類似する接続詞 ⇒ 「たとえば」を参照（138ページ）

加えて／かてて加えて   累加

前と後に書かれたことが、
フラットに置かれ同じ価値を持つことを示す。

類似する接続詞 ⇒ 「それに」

前に書かれたことが、後に書かれたことと同じ価値があることを示す接続詞です。そこに書かれた内容は等価値として並べられます。

> ①強い風が吹く中の山行で体力を消耗した。**加えて**高山病になったため、途中の山小屋で休まざるを得なかった。

①は、体力を消耗したことだけでなく、高山病になったことが「途中の山小屋で休まざるを得なかった」原因であることが書かれています。ある要因に、別の要因が加わって事態が展開することを示しています。

　「加えて」のほかに「かてて加えて」という文語的な表現もあります。「かてて」は、「ものを混ぜる」という意味の「糅てる」が元になっています。

> ・仕事はうまくいかず、胃が痛む。かてて加えて彼女にも振られるしまつだ。

　「かてて加えて」は、好ましくないマイナスの状況が重なる場合に用いられる傾向があります。

継起の接続詞

物事が続いて起こることを示す

　物事が続いて起こる事柄を書いていきます。「帰結」のように必ずしも結論につながる内容にはなっていません。文をつなぐときによく使われる接続詞です。
　「そして」「それで」「それから」「すると」「と」「そこで」などがあります。

結論の接続詞

前に書かれた内容について、一定の結論を示す

　さまざまな選択肢が示されていても、結果は変わらないことを示す接続詞です。さまざまな意見が出たあとに、いったん話を整理したり打ち切ったりする場合にも使われます。

「いずれにしても／いずれにしろ／いずれにせよ」「どちらにしても／どっちにしても」「なんにせよ／なににせよ」「ともあれ」「とにかく」「ともかく」「どのみち／どっちみち」「どうせ」「このように」「こうして／かくして」などがあります。

けれど／けれども　　　　　　　逆接

類似する接続詞 ⇒ 「しかし」を参照（69 ページ）

結局　　　　　　　　　　　　　順序

類似する接続詞 ⇒ 「順序の接続詞 1」を参照（77 ページ）

げんに　　　　　　　　　　　　例示

類似する接続詞 ⇒ 「事実」を参照（74 ページ）

このように
こうして／かくして

結論

さまざま示された内容を整理し、それを踏まえた結果を示す

　経緯を示したうえで、それがたどり着く結果や次に続く内容を示すときに使われる接続詞です。

　また、たどり着く結果が次の動きを導く段階にあることを示すときにも使われます。

「Aは○○だ。Bは○○だ。Cは○○だ。このように…」という具合に、いくつかの状況説明や事例を述べたあとに、それを踏まえて持論や結果を示したり、次の内容をつないだりします。

①春には花が咲き、夏は木々が生い茂り、秋は紅葉が彩り、冬は一面が白銀の世界に覆われる。このように、四季の巡りが日本の気候の特徴でもある。

②野球好きの少年が、リトルリーグに入り、高校野球で甲子園に出場しました。ピッチャーとバッターの二刀流としてプロ野球選手となり、やがてアメリカ大リーグでも二刀流として大活躍しました。こうして彼は、世界の野球シーンを変えたのです。

　①は、春、夏、秋、冬の特徴を説明したうえで、日本の気候の特徴について一つの考えを示しています。書き手の結論を導く用

法なので、リポートなどで好まれて使われます。

②は、一人の野球好きの少年の経過を説明したうえで、「世界の野球シーンを変えた」という内容につなぐ役目があります。

「こうして」の改まった言い方に「かくして」があります。「かくして」を使って②を書き換えてみます。

・野球好きの少年が、リトルリーグに入り、高校野球で甲子園に出場しました。ピッチャーとバッターの二刀流としてプロ野球選手となり、やがてアメリカ大リーグでも二刀流として大活躍しました。かくして彼は、世界の野球シーンを変えたのです。

②と意味は同じです。

しかし、「かくして」とした方が硬い表現になります。また、「世界の野球シーンを変えた」という内容が、より強調されます。

これに対して／それに対して

対比

比べられる事柄との違いを際立たせる

比べられる事柄について、その違いを際立たせます。

「これ」「それ」という指示語を含むため、違いを際立たせる際に心理的な距離が生まれます。心理的距離が近い場合が「これに対して」、遠い場合が「それに対して」となります。

①動画は「ながら視聴」だと内容を理解するのは難しい。こ

れに対して、音声メディアは「聴き流し」でも理解できるので便利だ。
②昔の防寒服は、ダウンでパンパンに膨らんでいた。それに対して、今は新素材が開発され、薄くて動きやすいものが主流になった。

　①は、動画と音声メディアを比較することで、その違いを際立たせています。「ながら」の場合は音声の方が便利だと結論づけています。

　動画と音声という近い関係の対比を説明するため、心理的距離が近くなります。そのため「これに対して」を使っています。「これとは反対に」「これに比べて」も同じ意味・用法です。

　②は、防寒服の今昔を比較し、その形状の違いを際立たせています。「昔」と「今」という時間の流れがあるため、心理的距離が遠くなります。

　そのため「それに対して」と距離を置いた形をとっているのです。「それとは反対に」「それに比べて」も同じ意味・用法です。

・これがダウンでパンパンに膨らんだ昔の防寒服です。これに対して、こちらは新素材でできているので、薄くて動きやすくなっています。

　このように、双方を横に置いて商品の説明をするような状態だと、実際の距離が近いので「これに対して、こちらは」という形で違いを示しています。

これとは反対に／
これに比べて

対比

類似する接続詞 ⇒ 「これに対して／それに対して」を参照（61 ページ）

さ

最初に	順序

類似する接続詞 ⇒ 「順序の接続詞1」を参照（77 ページ）

最後に	順序

類似する接続詞 ⇒ 「順序の接続詞1」を参照（77 ページ）

さて	転換

類似する接続詞 ⇒ 「ところで」を参照（144 ページ）

さては	累加

前に書かれたこと以外にも、いろいろな事柄があることを示す

「さては」は、「〜だけではなく」というニュアンスで、前述されたこと以外にもいろいろな事柄がある、ということを次に導く役割があります。

①祝勝会では、飲むわ、騒ぐわ、歌うわ、さては泣き出す者まで出る始末だった。

やや硬い文語的な表現で、おもに書きことばに使われます。話しことばでは使う機会があまりないかもしれません。

この場合は、飲む、騒ぐ、歌うという祝勝会での出来事を並べ、さらに「泣き出す者」も出た、という底の抜けた感じを「さては」によって醸しています。

「さては」には、副詞としての使い方もあります。

・さては、泥棒に入られたな。

といった例です。この場合は、いま知ったことを元に推理したり、推測したりする役割があります。

これも、おもに書きことばとして使われるものです。

さもないと／
さもなければ（さもなくば）

仮定

前に書かれたことに対して、
それを否定した際に起こる事柄を仮定する

類似する接続詞 ⇒ 「そうすれば／そうすると」「そうしたら」

副詞「さ」は「そのように」の意味で、文脈上すでにある事柄や性質・程度を示します。

「さ」に強調の助詞「も」が付いた「さも」は、「そのようにも」「その通りにも」という意味です。それが否定の形になったものが「さもなくば」です。その口語表現が「さもないと」「さもなければ」です。

仮定の表現として「そのようでなかったら」「そうしないと」

という意味になります。

①あと2日で仕上げてください。さもないと、違約金が発生します。

②君は進学を諦めないでほしい。さもなければ、これまで身を粉にして働いた母に申し訳がたたないじゃないか。

③この状況から脱するには、無理をしてでも前に進むか、計画を練り直すか、さもなくば、撤退するかだ。

　①は、2日で仕上げないと、違約金が発生するという内容です。ここには、**命令**としての役割が含まれています。

　②は、進学を諦めないようにという、**勧誘・説諭**の意味が含まれた表現になっています。

　③は、「前に進むか」「計画を練り直すか」「撤退するか」の**選択**を迫る場合の用法です。「AかBか、さもなくばC」という形で表現されます。

　「さもないと」「さもなくば」「さもなければ」には、否定の「ない」が含まれています。これによって「〜できなければ、〜になる」という形となり、厳しい条件がつくことになります。

　そのため、「命令」や「勧誘・説諭」という意味が強く出て、①②とも「違約金が発生する」「申し訳がたたない」というように、後ろの文がマイナスの方向で話が進むのが特徴です。

　「そうすれば」も仮定の接続詞です。ところが、後ろの文の内容がプラスの方向となります。

　接続詞を置き換えて、違いを見てみましょう。

①-1　あと 2 日で仕上げてください。そうすれば、違約金は発生しません。

②-1　君は進学を諦めないでほしい。そうすれば、これまで身を粉にして働いた母も報われるじゃないか。

　①-1 は、2 日で仕上げる条件をクリアすると「違約金が発生しません」。②-1 は、進学を諦めなければ、母の苦労も「母も報われる」という内容になっています。

「そうすれば」という仮定の接続詞を使うと、後半はプラスの方向で話が進みます。

　①②とは異なり、「確認」や「説得」の柔らかな表現になります。

さらに　　　　　　　　　　　　　順序

類似する接続詞 ⇒「順序の接続詞 1、2」を参照（77, 79 ページ）

さらに／さらには　　　　　　　　累加

前に書かれたことに、別の事柄を加える

　漢字で「更に」と書きます。副詞として、程度がより増したり段階がより高まったりするさまを言います。

　接続詞も同様に、前に書かれたことについて、程度や段階を進ませるような事実や別の事柄を加えるときに用います。

「さらには」は、その後に書かれた内容を強調する際に使われます。「さらにいえば」「さらにいうと」などのバリエーションもあります。

①簿記検定試験で３級に合格した。**さらに、**２級、１級を目指して勉強しよう。

②学生時代に単位さえ取れればいいと、彼は出席日数ギリギリを狙っていた。**さらには、**課題まで友人に頼んでアルバイトに精を出していた。

　①は、簿記の検定試験で３級に合格したことを励みに、さらにその上の級を目指そうという次の事柄が加わっています。

　②は、ギリギリの出席日数で単位を取ることが、前述されています。それに加えて課題を頼んでいたという、決して褒められたことではない実態が述べられています。

　その目的がアルバイトだったという理由も付加されています。

さりながら

逆接

類似する接続詞 ⇒ 「しかし」を参照（69 ページ）

さりとて

逆接

類似する接続詞 ⇒ 「そうかといって」を参照（86 ページ）

し

しかし   逆接

順当な流れとは逆の方向に導く

類似する接続詞 ⇒ 「が」「だが」「けれど／けれども」

　一般的によく使われる逆接の接続詞です。

　ある事柄に対して、あとに述べる事柄が反対や対立の関係にあることを示すものです。

　ところが、「しかし」には、感動を込めて話をする場合や、前に書いてあることを受けつつ話題を転換する場合など、かなり幅広い使い方ができます。

---

①彼はビジネスで大成功を収めた。しかし、プライベートでは孤独だった。

②私はワインが好きだ。しかし、父は日本酒しか飲まない。

③彼女は会社をやめ、3年がかりで司法試験に合格した。しかし、よく頑張ったものだ。

④画家になるために、家を飛び出したんだってね。しかし、これからどうするつもりなんだい。

---

　①は、ビジネスで大成功を収めたことを認めたうえで、それが順当に導かれる流れとは異なる反対の状況を書いています。ビジネスとプライベートの対比という見方ができます。

　②は、酒の好みについて、私と父とを対比させています。この場合は酒が好きだという共通のベースがあります。そのうえで、

69

嗜好の違いについて書いています。

　③は、反対や対立を示すものではありません。司法試験に合格したという事実に対しての感動をこめて、話を続ける用法です。「合格した」ことと、「頑張った」ことには矛盾した流れはありません。敢えて言うなら、内心難しいのではないかと想像していた書き手の意識を逆転させたということになります。

　④は、画家になるという志のために家を出たことを受けつつも、今後の生活をどうするのかという話題の転換を導いています。

　「しかし」には、あることを是と認めたうえでの反対意見や新しい事実が、重ねられていることがわかります。

　②のような対比の関係であったり、③のように感動や、表向き矛盾のない関係の中での心理的な逆転を導いたり、④のように話題の転換にも使うことができます。

　また、他の逆接の接続詞と結びついて「だがしかし」「がしかし」という形でも使われます。

　「しかしながら」は「しかし」のあらたまった言い方です。

　書きことばの堅苦しい言い方や演説などで威厳を持たせる際に多く使われます。もともと「併乍・然乍」と書き、「そのまま全部」という副詞として、漢文訓読に用いられました。

　それが時代を経て、前の事柄に対して「それはそうとして」といったん認めて保留する意味になり、さらに後に「それはそうだが」と前と反対の事柄を付け加えていく逆接の用法になったと言われています。

　また、「さりながら」は「しかしながら」の文語表現です。

「しかし」は、逆接の接続詞のなかでは、懐の広い部類に入ります。そのため、逆接を導く場合「しかし」を多用する傾向にあります。逆接のバリエーションを増やして、表現力をつけることも必要です。

「けれど／けれども」「だが」「が」も「しかし」と同様、逆接の働きを持っています。「しかし」との違いを見ていきます。

⑤出張に備えて前の晩は早く床についた。けれど、かえって緊張して寝られなかった。

⑥今月は営業に力を入れた。だが、目標を達成することはできなかった。

⑦教授の発言には大きな矛盾があった。が、それを指摘する者は誰もいなかった。

⑤は、「前の晩は早く床についた」と「緊張して寝られなかった」との矛盾を「けれど」がつないでいます。

⑥は、「営業に力を入れた」と「目標を達成することはできなかった」という矛盾を「だが」が結びつけています。

⑦は、「矛盾があった」と「指摘する者は誰もいなかった」を「が」がつないでいます。

「だが」の丁寧な言い方は「ですが」です。「が」は、主に書きことばで使われます。

⑤〜⑦の「けれど」「だが」「が」を「しかし」に置き換えたり、①②の「しかし」を「けれど」「だが」「が」に置き換えたりして

も問題はありません。「しかし」だけに頼らず、こうした接続詞を上手に使うと表現力が増します。

「けれども」は「けれど」の改まった言い方で、主に書きことばに使われます。「けど」「けども」は「けれど」より砕けた言い方で、主に話しことばで使われます。

・プランAは、今回の提案の中では秀逸だ。けれどもプランBは荒削りながら捨てがたい魅力がある。
・さっきご飯をたべたけど、もうお腹が減った。
・片付けをしたけども、すぐ散らかってしまう。

といった具合です。「けど」「けども」は、かなり砕けた感じになるため、使う場面を選ぶ必要があります。

しかしながら	逆接

類似する接続詞 ⇒ 「しかし」を参照（69ページ）

しかも	1 累加 2 並列

1　前に書かれたことについて、さらに詳しい事柄やダメを押す事柄を加える
2　異なる事柄が同時に成り立つことを示す

類似する接続詞 ⇒ 「おまけに」（累加）

　前に書かれたことに対して、さらに別の事柄であったり、それに反する結末を付け加えたりしてダメを押します。

　前半の内容を補足してより詳しい状況を示すときに使ったり、予想される結果に反する結果を付け加えたりする場合もあります。

　また、異なる事柄が同時に成り立つ並列の意味でも使われます。

①彼は大学時代の親友だ。しかも、行き詰まっていたときに手を差し伸べてくれた恩人でもある。
②混んでいたせいか、注文した料理がテーブルに届くまでに時間がかかった。しかも、すっかり冷めていて、とても食べる気にはならなかった。
③寝る間も惜しんで勉強し、しかも試験には受からなかった。
④このワインは値段が安く、しかもしっかりとした味わいがある。

　①は、親友であるという事柄に対して、それだけでなく恩人でもあるという別の側面を書き加えています。同じ人物に対して親友であり恩人であるという評価を伝えています。

　②は、混んでいたので、料理が遅れるのはある程度理解している状況が書かれています。そこには、調理に時間がかかっているのだという予想が働いています。ところが、料理が冷めているという配膳の不手際が、ダメを押す形となっています。

　③は、必死に勉強をしていたので当然合格するだろうという予想に反する結末を導いています。「それなのに」「それでも」と同様の意味を持ちます。

　④は、並列の用法です。ワインに対して「安い」と「味わいが

ある」という異なる事柄が同時に成立していることを表しています。

> ・このワインは値段が安い**ながら**、**しかも**しっかりとした味わいがある。

「～ながら、しかも」という形でも使われます。

こうすると「値段が安い＝味はいまひとつ」という概念を覆す意図が見えてきます。

事実／実際／ じつは（じつのところ）／ げんに	例示
証拠を示して信憑性を高める	

その話題に信憑性が求められる場合に、その証拠を示して説明する役割があります。

また新しい証拠を見せて、新事実を暴露する使い方もあります。

> ①このアニメは、鬼のおどろおどろしさを描くばかりでなく、鬼となった人間の持つ悲哀と恨み・妬みの深層を描いている。**事実**、鬼が滅するときに描かれる過去の理不尽さに涙する人が多い。
> ②今度出版した小説は、評判がいいという。**実際**、発売まもなく50万部の増刷、ネットでの売り上げランキングも10週連続で1位を維持している。

③この作品は、これまでにない斬新な発想が評価されている。**じつは／じつのところ**、そのアイデアは中世ヨーロッパの絵画から想を得たものなのだ。

④睡眠時間を削って勉強すればいいというものではない。**げんに**彼女は 8 時間以上の睡眠を取りながら、大学に受かったじゃないか。

接続詞【さ〜そ】

①は、このアニメが描く本質部分を説明するため、後半でおどろおどろしい鬼が抱えた過去の物語に涙する人が多い、という事実をあげています。

②は、小説の評判がいいということを、増刷数や売り上げのランキングで証明しています。

③は、斬新だと言われた発想の源泉は、中世ヨーロッパの古典にあると暴露しています。読み手の予想しなかった内容を提供する役割を担っています。
「じつは」を漢字で書くと「実は」です。

④は、現実にこうだったという事例を示して、睡眠の必要性を伝えています。「げんに」は漢字で書くと「現に」となります。

原稿を書いたり話をしたりするときに、裏付けとなる資料や具体的な状況を示すと、信憑性を担保できます。

これは、読み手や聞き手の信頼を得るために重要なポイントです。①〜④は、接続詞の後にそうした具体的な内容を提示する手法の参考例です。

したがって／ゆえに／よって

因果

論理的に因果関係を述べ結果に導く

　動詞「従う」の連用形に助詞「て」がついてできたものです。そのため、前に書かれたことを受けて、当然の結果としてそれに従う形で次に起こることをつなぎます。結果について、論理的に因果関係を示します。

　また、必然的に結論に行き着くことを示します。

「ゆえに」「よって」も理由を述べた文を受けて、結論・結果へ導きます。漢文訓読に由来するので、硬い言い回しになります。

①天候が予想以上に悪化した。したがって、到着便が1時間ほど遅れるとの連絡があった。
②ここは町並みを保存している地域だ。したがって、喫煙と、歩きながらの飲食を禁止している。
③瀬戸内地方は中国山地と四国山地に挟まれている。ゆえに、季節風の影響を受けにくく、降水量が極めて少ない。
④優秀な成績を修められました。よってここに表彰します。

　①は、予想以上の天候悪化により（原因）、飛行機の到着が1時間ほど遅れる（結果）という内容です。ここには、原因とそれによる当然の結果が明確に示されています。

　②は、町並みを保存しているため（原因）、喫煙と、歩きながらの飲食を禁止していること（結果）を述べています。

　③は、瀬戸内地方の気候が、地形の影響を受けて（原因）、降

水量が少ない（結果）という構成になっています。

④は、賞状などに書かれている例です。表彰する理由が前の文に説明されています。

順序の接続詞

文章を書く時に、順序をつけて説明すると読み手の理解を助けます。

それは、ことの流れや経緯であったり時間であったりします。
論理的に文章を書く際に、内容の整理にも役立ちます。
こうした流れをスムーズに導くための接続詞を見ていきます。

1）ことの流れに順序をつけて説明する場合

「最初に」「はじめに」「まず」：序盤（書き起こし）
「ついで」「つづいて」「次に」「さらに」「そのあと」：中盤（論の展開）
「最後に」「おわりに」「ついに」「とうとう」「結局」「あげくに／あげくの果てに」「畢竟（ひっきょう）」：最終盤（結論）

何らかの順序をつけて話を進める際に使われる接続詞です。
「最初に」「はじめに」「まず」は、文字通り序盤で使われ、話の切っ掛けやテーマの書き出しに置かれたりします。
「ついで」「つづいて」「次に」「さらに」「そのあと」は、中盤などで話題を膨らましたり展開させたりするために使われます。
「最後に」「おわりに」「ついに」「とうとう」「結局」「あげくに

／あげくの果てに」「畢竟」は、最終局面に入る際に使って話の
まとめに入ります。

①最初に、日本語学の専門家に話を聞く。ついで、漢字学の
　教授にそのことばに使われている漢字の変遷を聞く。最
　後に、それらを元に原稿を書く。
②はじめに、筆記試験を受ける。つづいて、集団討論に参
　加する。おわりに、面接に臨む。結果は後日、電話で連
　絡があるそうだ。
③最初に、小学校の教員になった。次に、ボランティアと
　して海外で２年過ごした。そのあと医学部に入り直した。
　ついに、国境なき医師団として活躍することになった。
④複数の会社から内定をもらい、かなり悩んだ。結局、上
　下関係がフラットなＡ社に決めた。
⑤自分の思い通りに生きたいと大学を中退し起業した。し
　かし、思うようにならず多くの負債を抱えることになっ
　た。あげくに、何人もの友人から借金を重ね、だれから
　も相手にされなくなった。

　①〜③は、時系列に沿って、序盤、中盤、終盤の流れをつくっ
ている接続詞の例です。
　①は「専門家に話を聞く」「変遷を聞く」「原稿を書く」という
具合に、取材をして原稿を書くまでを時系列に沿って説明してい
ます。
　②は就職試験の流れについて、③は社会人になってからの経
緯・経歴が書かれています。③の「ついに」には、いろいろな経
歴の末にたどり着いた状況を表しています。これと同様のことば

に「とうとう」などもあります。

・何度挑戦しても 10 秒の壁は破れなかった。**とうとう、最
終戦でその壁を突破した。**

④は、就職活動の状況から引き出された結果を表しています。
⑤は、前半の事態を経て、好ましくない結果に到ったことを示
しています。「あげくに」は、マイナスの方向の結論を示します。

また、「さまざまな経過を経ても、最終的には一つの結果にお
さまる」という意味の「畢竟<rt>ひっきょう</rt>」ということばもあります。
接続詞というより副詞として、やや硬い文語的な書きことばに
使われます。
「畢」「竟」には、それぞれ「終わる」という意味があります。

・これは畢竟、**天の配剤というものだ。**

序盤、中盤、終盤に使われる接続詞の組み合わせは、自由です。
①〜⑤に示した接続詞はその一例に過ぎません。文脈に沿って接
続詞を選択すればいいと思います。とはいえ、内容によってはあ
る程度、パターン化された接続詞の組み合わせもあります。以下
に、その代表的なものを例示します。

  2）順序をつけて重要度や手順を説明する場合

「まず」 → 「次に」 → 「さらに」

リポートなどのように、論理的に序列をつけて説明する文章や、手順を明確に説明したい場合に、よく使われる接続詞の流れです。

①この洗濯機の特長は、**まず**省エネで電気代が少なくすむことです。**次に**、抗菌洗浄で汚れがよく落ちることです。**さらに**、音が静かだということです。
②**まず**、長ネギを千切りにし、**次に**チャーシューを細く切って加え、**さらに**パクチーを適量加え、辛子ミソ、ごま油、調味料で味を調え和えます。

①は、洗濯機の特長を「まず」「次に」「さらに」という順で序列をつけて説明しています。この洗濯機の最大の特長が省エネで、抗菌洗浄、静音については、下位に置かれています。

②は、この順番でつくれば失敗がないことを示しています。

「まず」→「次に」→「さらに」の流れは、①は重要度を、②は手順を示しています。

①のように、製品の特長を、順を追って説明する際にはとても便利です。ここでは「まず」で最初に紹介されることが、この製品の一番の売り物になっていなければならない、ということです。「まずは」で強調することもできます。

重要度は「まず」「次に」「さらに」の順に示されなくてはなりません。

リポートなどを書く際にも、順序だてて論を立てていくときに使い勝手のいい接続詞です。

結論を書くときには、この後に「このように」「以上のように」といった接続詞を使います。

②は、料理などの手順を紹介する際に有効です。時系列として並べられています。個人の力量に左右されることがない料理の手順を示しています。

3）理由やポイントを順番に説明する場合

「第一に」→「第二に」→「第三に」
「一つ目に」→「二つ目に」→「三つ目に」

　理由やポイントをいくつか説明するときに、具体的な数字を付けて示す接続詞です。

①風邪を予防するには、第一に栄養のあるものを食べること、第二に体を冷やさないこと、第三に適度に運動をすることだ。
②原稿を書く際のポイントは、一つ目に観察眼、二つ目に思考力、三つ目に表現力だ。

①は数字をつけて風邪を予防するための注意事項を、②は原稿を書く際のポイントを説明しています。

　これは、さまざまな理由やポイントのなかでも重要なものを抽出して伝えるものなので、せいぜい「第三に」「三つ目に」までに収めるべきです。

　たとえば「第七に」「七つ目に」「第八に」「八つ目に」など数字が多くなると、論点が整理された形にならないからです。その場合は箇条書きにして整理する方が、わかりやすくなります。

すると／と

継起

当然の結果を示したり、ひょいと視点を変えたりする

類似する接続詞 ⇒ 「そうすれば／そうすると」（仮定）

　前に書かれたことを受けて次の流れをつくる際に、期待できる当然の流れのなかで予想される結果を示したり、ひょいと視点を変えて動きを出したりする場合に用いられます。

　前の事柄が成立した後で、後の事柄が成立することを示しますが、そこに必然的なつながりはありません。

①駅まで歩いて出かけた。すると、道の反対側で大学時代の友人Ａがバス停に並んでいるのが見えた。

②木々に覆われた険しい山道を登っていた。すると、急に目の前が開け、眼下に富士の樹海が緑の絨毯のように広がっていた。

③すると、君はこの方針には反対ということだね。

④百貨店の扉が開いた。と、開店前に並んでいた人たちが一斉にバーゲン会場になだれ込んだ。

　①は、駅まで歩いている人物と、大学時代の友人Ａの様子が書かれています。ここでは二人の行動に必然的な関係を見いだすことはできません。

　ここでの「すると」は「そうしたところ」という程度の意味です。しかし「すると」という接続詞の働きで、今後この二人に何

かのドラマが展開されるような感覚になります。

②は、木々に覆われた山に登っている状況が書かれています。その先に、頂上へ向かう道すがらの描写が期待される流れです。

ところが、ここでは少し視点が変わり、目の前に開けた景色が描かれています。この景色を見ることが山登りの目的とはいえません。

山に登っているという状況が原因・理由となって、後に続く「富士の樹海」を望むことが成立しています。

期待していたわけではない発見が、接続詞「すると」を使うことによって際立っているのです。

③は、この発言にいたる「君」の行動ないし言動があったことがわかります。これを根拠として仮定した結果が「反対ということだね」という発言になるのです。後の事柄は、前の事柄から当然の流れで得られる判断や推測です。

そのため、次の行動が展開される予兆をはらんだ文になっています。ここでの「すると」は、「そうだとすると」という意味と同義です。

④の「と」は、「すると」がつづまった形です。「と」は「すると」より、展開のスピードが速まる感覚を含んでいます。百貨店のバーゲン会場に早足で「どどーっと押し寄せるスピード感」が生まれます。開店前に並んでいた客が、脱兎のように変化する新しい展開が見えてきます。

すなわち

同じ内容を言い換える

類似する接続詞 ⇒ 「つまり／つまるところ」「要するに」

　直前に述べたのと同じ意味を、別のことばで言い換える場合に用いられます。

　前半を受けて後半で具体的に言い換える用法と、前半の内容を後半で簡潔にまとめる用法があります。

> ①日本国憲法は、三権分立の原則を定めています。すなわち、立法、行政、司法を独立した機関が相互に抑制し合ってバランスを保つ仕組みです。
> ②通勤時間の電車は立錐の余地がありません。すなわち、すし詰め状態です。

　①は、前に書かれた「三権分立の原則」の内容を、後ろの文で具体的に言い換えて説明しています。

　②は、前に書かれた内容を「すし詰め状態」と、別のことばに言い換えて簡潔にしています。

　「すなわち」は「即」「則」「乃」の漢文の訓読がもとになっています。「戦えば、すなわち勝つ」「信じれば、すなわち救われる」などのように、「…ば、すなわち」の形で条件句を受ける形で用いる場合があります。また「AすなわちB」という換言や、「たちまち」「すぐに」という副詞としても使われてきました。

　現代では、ほぼ換言として用いられることが多い接続詞です。

せ

制約の接続詞

事柄の成立に対して、一定の条件や例外、制限などをあげる

　前に書かれた内容を全て認めるのではなく、一定の条件や例外、制限などを加える役目を持つ接続詞です。
「ただし」「ただ」「とはいうものの」「とはいえ」「なお」「もっとも」などがあります。

選択の接続詞

前後の事柄のうち、どちらかが選ばれることを示す

　ある事柄に対して、もう一つの選択肢を示し、どちらかが当てはまることを説明します。法文などで論理的に用いられる場合もあり、かなり客観性の強い接続詞です。おもに書きことばで用いられます。
「または」「もしくは」「あるいは」「ないし」「それとも」などがあります。

そ

そうかといって／かといって／そうはいっても／そうはいうもの／さりとて

逆接

前段の事柄から導かれる内容を、
後段で打ち消したり異なる状況を示したりする

「そうかといって／かといって」は、前段を認めたうえで、そこから当然の流れで進む事柄を打ち消すときに使われます。

「そうはいっても／そうはいうものの」は、前段を認めつつも、それによって導かれる内容とは異なる事柄を言うときに使います。

「さりとて」は「さありとて」が変化したもので、やや古風な言い回しです。

①仕事も上司との関係もうまくいかずむしゃくしゃする。そうかといって、ここで腐っていても前に進まないので、気持ちを切り替えていこう。

②彼の語学力は、じゅうぶん理解している。かといって、この会議の通訳を任せるには時期尚早だ。

③「いまどき、海外に留学することはそれほどハードルが高いものではない」と友人は話す。そうはいっても／そうはいうものの、語学がじゅうぶんではない自分には不安が先立つ。

④これは彼のプライベートの問題だ。さりとて、友人とし

　　て放置するわけにもいかない。

　①は、自らの逆境をしっかり受け止め、認めています。

　しかし、その状況にのまれることを否定して、反転させる気持ちを表明しています。この場合はマイナスの状況をプラスに転換させています。

　②は、語学力については認めているものの、仕事を任せる状況にはないという否定的意見を導いています。

　ここでは、プラスの状況にマイナスの要素を付加しています。

　③は、留学に対する友人の考えを一応認めています。

　ところが、自らの語学力を考えると留学に否定的になる、ということを表しています。

「そうはいうものの」の「ものの」は、ある事柄や状態の存在を一応認めながら、対立する事柄などを続ける接続助詞です。

　④は、個人の問題は個人の責任に任せるべきだという考えをいったん理解したうえで、それでも友人として何か手助けをすべきだという相反する考えを示しています。

そうしたところで／
そうしたとしても

仮定

前の事柄が成り立つという予想に反して、
むしろよくない状況が生じることを示す

「そうした」に、「ところで」「としても」がついたものです。

「ところで」「としても」は、ある事態が起こっても、何もならないか、または、好ましくない状態をひき起こすことを予想させ

る意味を表します。

①子ども部屋も与え、家庭教師も付けた。そうしたところで、本人が勉強に興味を持たなければ状況は変わらない。
②家族のために会社で仕事を続けることも考えた。そうしたとしても、今のように自分のやりがいを見つけることはできなかっただろう。

　①は、勉強の環境を整えても、必ずしも望む方向には進まないことを予想させます。

　②は、会社に残ったとしても、やりがいを見つけることができなかったことを予想させます。「そうしたとしても」は、「会社で仕事を続けること」を受けています。

　①②とも接続詞の前に「たとえ」「仮に」「もし」を付けることもできます。

・子ども部屋も与え、家庭教師も付けた。たとえ／仮に／もし／そうしたところで、本人が勉強に興味を持たなければ状況は変わらない。
・家族のために会社で仕事を続けることも考えた。たとえ／仮に／もし／そうしたとしても、今のように自分のやりがいを見つけることはできなかっただろう。

　「たとえ」「仮に」「もし」を付けることによって、「そうしたところで」「そうしたとしても」という仮定を強め、望む状況にならない予想をより強く打ち出す効果があります。

そうしたら

仮定

前の事柄が実現することを仮定し、
その結果として、後の事柄が起こることを示す

類似する接続詞 ⇒ 「そうすれば/そうすると」

　前に書かれている事を受けて、実際にそうであったら、という仮定や条件を表します。仮定や条件を満たして実現した内容が次の文に続きます。前の事柄をきっかけとして、偶然の事柄が起こることを示す働きもあります。

　話しことばで使われることの多い接続詞です。

①今日中に宿題を片付けよう。そうしたら、あしたから旅
　行を楽しめる。
②大掃除をした。そうしたら、机と壁の間から1万円札が出
　てきた。

　①は、あしたからの旅行を楽しむための、条件として、宿題を片付けようと言っています。宿題が片付かなければ、せっかくの旅行も楽しめない、というもう一つの側面をにじませています。
　②は、大掃除をしていたら、たまたま机と壁の間から1万円札が出てきたという偶然を導いています。偶然起こるというのが、ポイントです。

　「そうしたら、〜からだ」の形をとって、実現される理由を補強することもあります。「からだ」がつくため、実現された理由が明確になるのです。

・今日中に宿題を片付けよう。そうしたら、あしたから旅行を楽しめるからだ。

そうすれば／そうすると　仮定

前の事柄が実現することを仮定し、
その結果として、後の事柄が起こることを示す

類似する接続詞 ⇒「すると／と」（継起）

「今月中に申し込めば、特別割引になります」「いま行くと、列車に間に合う」のように、接続助詞「ば」「と」は、ある条件を満たせばそれに伴った結果を得られるという仮定を導きます。

　接続詞「そうすれば」「そうすると」の類いは、仮定を導く接続助詞「ば」「と」を含み、「そう」という指示語で前に書かれている仮定や条件を明確にしています。

①いまは、このミッションを確実に実行したい。そうすれば、経済構造が大きく変わるはずだ。
②この道を真っ直ぐ進んでください。そうすると、右手に湖が見えてきます。

　①は、ミッションを確実に実行することが仮定としての条件となり、経済構造が大きく変わるという結果を予想しています。「そうすれば」の「そう」は「実行したい」を受けています。
　②は、真っ直ぐ進むことを仮定して、その結果として湖が見えてくることを表現しています。「そうすると」は「すると」とい

う形でも使われます。

・この道を真っ直ぐ進んでください。**すると**、右手に湖が見
えてきます。

そうだとしても／
そうであっても

仮定

前の事柄が実現するとしても、
そこから導かれる予想とは異なる事柄が起こることを示す

　これらは文法的には連語にあたります。連語というのは、二つ
以上の単語が結びついて、一つの単語と同じような働きをするも
のを言います。

　「そうだとしても」は、「そうだ」＋「としても」の組み合わせです。
「その通りだ」という意味の「そうだ」に、「たとえ～ても」と
いう意味の「としても」という接続助詞がついたものです。
　これで「たとえその通りであっても」という、予想とは異なる
事柄を導くことになるのです。

　「そうであっても」は、「そうである」＋「ても」です。
　「そうである」は「その通りである」、「ても」は「結果に影響し
ない」ことを表す接続助詞です。これも、「その通りであっても（結
果に影響しない）」という当然の予想とは異なる意味を導くので
す。

①この装備なら都心の寒さには耐えられると思う。そうだとしても、3000メートル級の冬山で通用するものではない。②年々体力が衰えるのは仕方がないのかもしれない。そうであっても、自分の足で歩けるようにしたいものだ。

①は、3000メートル級の冬山では、たとえ都心の寒さをしのげる装備品であっても通用しない、ということを比較して説明しています。

②は、体力が衰える必然を述べています。後半でそこから仮定される状況とは異なる考えを述べています。

①②とも、前半部分は肯定しつつ、そこから予想されることとは異なる事柄を後半で提示しています。そのため、

・たとえそうだとしても／たとえそうであっても
・仮にそうだとしても／仮にそうであっても
・もしそうだとしても／もしそうであっても

などのように、「そうだとしても」「そうであっても」の前に「たとえ」「仮に」「もし」などをつけて、前半と後半の内容の落差をより大きく表現することができます。

そうでありながら

逆接

類似する接続詞 ⇒ 「それでいて」を参照（111ページ）

そうはいっても／そうはいうものの

逆接

類似する接続詞 ⇒ 「そうかといって」を参照（86 ページ）

そこで

継起

あるきっかけから流れを変える

類似する接続詞 ⇒ 「そして／そうして」「それで」
／「だから」を参照（131 ページ）

「そこで」は、前に書かれた内容が原因・前提となって、その後
を展開するときに使われます。

　自然な流れを導く「そして／そうして」などとは違い、きっか
けをしっかり踏まえたうえで、新たな行動を示すものです。

「そこで」の「そこ」には「その場」「その場面」という意味が
含まれているため、「そういう場面に遭遇して初めて」行動を起
こしたというニュアンスが生まれるのです。

　また、話題を変えるときの語としても使われます。

①人手不足が原因でどうしても、フロアのスタッフが足り
　ない。そこで、5 カ所に配置していたスタッフを 3 カ所に
　集約することを提案した。
②そこで相談なんだが。

①は、フロアに配置するスタッフが足りないことを理由にした

提案となっています。

　スタッフが足りないので、3カ所に集約するという提案には、現状の人数で業務に支障が出ないようにするための根拠が備わっていることになります。

　前に書かれていることが原因や前提になって、その後に続く内容を示しています。

　②は、さまざまな状況があったうえでの相談であることが「そこで」で、示されています。ここには、話の転換の意味として用いられています。

　①の例の場合、「そこで」を「それで」（継起）や「だから」（因果）で置き換えることもできます。

①-1 人手不足が原因でどうしても、フロアのスタッフが足りない。それで、5カ所に配置していたスタッフを3カ所に集約することを提案した。
①-2 人手不足の原因でどうしても、フロアのスタッフが足りない。だから、5カ所に配置していたスタッフを3カ所に集約することを提案した。

　①-1 の「それで」の「それ」には指示の役割があります。「人手不足でスタッフが足りない、だから何らかの改善策を提案しなくてはならない」という流れを前提にしている感覚があります。
　①-2 の「だから」には、「スタッフが足りない」ことを客観的に判断して、その対応策を冷静に提案したという因果関係が加わります。

　これを「そして／そうして」（継起）に置き換えると、やや不自然な流れになります。

> **①-3** 人手不足が原因でどうしても、フロアのスタッフが足りない。そして／そうして、5 カ所に配置していたスタッフを 3 カ所に集約することを提案した。

「そして／そうして」にすると、「スタッフが足りない」という事態を、当然のことであるかのように受けとめている感覚になるからです。

　前に書かれている状況が、次の行動を起こす明確な原因・前提とはなりにくいのです。

そして（そうして）／それで

継起

自然な流れをつなぐ

類似する接続詞 ⇒ 「そこで」「それから」／「だから」（因果）

　前の事柄を受けてそれに引き続いて起こる事や、その結末を自然な流れで導きます。前の文や語句の補足や因果関係を強調するために使われることはありません。そのため、いわば合いの手のような役目で使われる接続詞とも言えます。

「そして、どうなった？」「それで？」などのように、口語では話を促すときにも用いられます。

> **①** 家に帰って、お風呂に入り、パジャマに着替え、そしてゆっ

> くりお酒を飲む。至福のひとときだ。
>
> ②やる気がでないままボーッとテレビを見ていた。そうして一日が終わった。
>
> ③朝寝、朝酒、朝湯が大好きで、それで身上つぶした。
>
> ④そして誰もいなくなった。

　①は、お風呂、着替え、お酒という順に、その前の行動から引き続いて起こることを流れに沿って導いています。

　②は、「やる気がでないままボーッとテレビを見ていた」ことを受けて、何もしなかった当然の状況を、「一日が終わった」と表現しているのです。

「そうして」は「そして」のやや丁寧な言い方です。

　ただし、ニュアンスの違いがあるので注意が必要です。

「そうして」の「そう」には、「こそあどことば」の役目があるため、それまでの時間や経緯という継続した流れを受けるイメージが強くなります。

「そうして」を「そして」に置き換えて、

> ・やる気がでないままボーッとテレビを見ていた。そして一日が終わった。

　とすると、客観的な視点を帯びるので「やる気がでないままボーッとテレビを見ていた」という経緯やその一日の時間的な流れをいったん断ち切る形になります。

　その後に続く「一日が終わった」が、結果報告のような印象を与えます。

③は、民謡「会津磐梯山」の有名な一節です。

「朝寝、朝酒、朝湯」が続けば、身上（財産）をつぶすという当然の流れが書かれています。

④は、アガサ・クリスティーのミステリー小説のタイトルとして有名です。①〜③とは、少しニュアンスが異なります。

この場合の「そして」は、ある劇的な出来事を予想させるファンクションを担っています。そのため、謎めいた雰囲気があるのです。

④以外の「そして（そうして）」「それで」という接続詞は、前の事柄に引き続いて起こる事やその結末について、ごく自然の流れを形成しています。

そのため接続詞の前後で、文脈を大きく変える要素もなく、前の事柄について特に重きを置くような理由もありません。次の展開が劇的に変化するわけでもありません。

そのため、省略しても差し支えない場合もあります。

①②③の例から「そして（そうして）」「それで」を省略してみます。

①-1 家に帰って、お風呂に入り、パジャマに着替え、ゆっくりお酒を飲む。至福のひとときだ。

②-1 やる気がでないままボーッとテレビを見ていたら、一日が終わった。

③-1 朝寝、朝酒、朝湯が大好きで、身上つぶした。

①-1 の「そして」を削っても、文意は変わりません。ただし、①では、「そして」があるため、家に帰ってからパジャマに着替

えるまでと、お酒を飲むまでの間にわずかながら異なる時間が流れているように感じます。

　一方、①-1 では、お酒を飲むまでが一連の流れになるため、「間」がなくなりメリハリがつきません。

　②-1 は、②の「見ていた。」を「見ていたら、」にして文をつなぎました。こうした形にしても内容は変わりません。

　③-1 は、これは曲のリズムを別にすれば、「それで」という接続詞を省いても通じます。それは「大好きで」の「で」が原因を表す格助詞になっているからです。

「それで」という原因や因果関係を示す接続詞がなくても意味が通じるのです。

　ところが、④の「そして」を省略すると、

④-1 誰もいなくなった。

となり、これでは小説がもたらす劇的な出来事を予感させるトリガーがなくなり、タイトルとしてのインパクトはなくなります。「そして（そうして）」「それで」は、用法によって劇的な要素をはらむことはありますが、基本的に自然な流れをつないで結論や結果を導いています。

そして	並列
似たもの同士を並列したり、選択する対象を加えたりする	
類似する接続詞 ⇒ 「および／ならびに」「かつ」「そのうえ」	

「そして」には、流れをつないで話を重ねていくだけでなく、前

に書かれた事柄と同様の事柄を並べる役割もあります。

①彼女は、歴史・文学そして教育分野で活躍している。

　①は、名詞が並列している用法なので、「そして」を「中黒（・）」に置き換えることができます。

・彼女は、歴史・文学・教育分野で活躍している。

　こうすると、歴史と文学と教育が等価値で並列していることがわかると思います。「教育分野」を強調したり因果関係を示したりするものではありません。

「そして」は、利用頻度が多い接続詞だと思います。
　前に書かれていたことを受けて、別の内容を並列して付け加える役目があります。
　並列された内容について、基本的に軽重を付けたり因果関係を記したりするものではありません。
　ただし「そして〜も」という形で、「も」がついたところに力点が置かれる特徴があります。

・彼女は、歴史・文学そして教育分野でも活躍している。

　こうすると、歴史と文学での活躍を理解したうえで、「それのみならず教育についても」という意味なり、教育の分野に力点が置かれます。

そのあと　　順序

類似する接続詞 ⇒ 「順序の接続詞1」を参照（77ページ）

そのうえ　　累加

前に書かれたことと
同じくらいの情報であることを示す

類似する接続詞 ⇒ 「そして」

　前に書かれたことだけでなく、後ろに書かれたことも重要だということを示します。

　プラスの内容にも、マイナスの内容にも用いることができます。

①源泉掛け流しの温泉が自慢の旅館に泊まった。そのうえ、地元の食材をいかした料理も美味しく、英気を養うことができた。

②すっかり山道に迷ってしまった。そのうえ、日も落ちて辺りは暗くなってきた。

　①は、源泉掛け流しの温泉であることと同じくらい、地元の食材を使った料理に満足したことがわかります。ここでは好ましいプラスの内容が加わっています。

　「地元の食材をいかした料理も」という具合に、類似したものを並べて提示する「も」という副助詞がついています。

　「そのうえ〜も」という形で「累加」の意味合いがよりはっきり示されています。「そのうえ〜まで」も同様です。

・このお店のコース料理は、品数が 8 種類もある。そのうえ、食べ放題のデザートまで付いている。

8 種類のコース料理に加えて「食べ放題のデザートまで」という形で、料理への満足感が強調される内容です。

②は、道に迷ったという状況もさることながら、日が落ちて周囲が暗くなったことへの不安が描かれています。
ここでは、前述されている日が落ちた、ということに劣らず、道に迷ったという後述された内容が、同程度に重要であることがわかります。
この場合は、不安やマイナスの内容について書かれています。

接続詞【さ～そ】

そのかわり　　　　　　対比

対比する内容が、代替関係をとる

「その代わり」と書くことができるように、対比するものが別のものとの代替関係になっている傾向があります。

①せっかくの休みだが、きょうは外出するのをやめよう。そのかわり、家でのんびり本でも読んで過ごそう。
②家で料理をすることになった。そのかわり、食材は奮発していいものをそろえることにした。

①は、外出することと、家でのんびりすることが代替関係を取っています。

②は、家で料理をすることと、食材を奮発することは、直接的に代替関係を取っていません。

　ところが、「家で料理をすることになった」かわりに、外食にかかる費用を食材に充てるという形での代替関係が成り立っています。

その瞬間　　　　　　　　　　　　　　順序

類似する接続詞 ⇒ 「そのとき」「そのころ」を参照（105 ページ）

そのくせ　　　　　　　　　　　　　　逆接

前のことを引き合いに出して、後の事柄と対比させ矛盾を示す

　前に書かれていることについての矛盾を後ろで示すときに使います。前段と後段の対比の形を取ります。

　例外もありますが、後に書かれることは、矛盾をついて非難する場合に多く用いられます。「そのくせに」と書かれることもあります。

> ①彼は、人前では高説を垂れて尊敬を集めていた。そのくせ、プライベートでは傲慢な態度を取っていたので、顰蹙（ひんしゅく）をかっていた。
> ②彼女は、一躍マスコミの寵児（ちょうじ）となった。そのくせ、おごり高ぶることなく謙虚に人と接し、ますます人気を博した。

　①は、高説を述べて尊敬を集めていた、という前段の話を引き

合いに出して、その裏で傲慢な態度を取って顰蹙をかっていたということに対する非難です。

「そのくせ」を使った場合、後に書かれていることを言うための矛盾を引き合いに出し、対比させていると言えます。

②は、非難ではなく称賛の文例です。先に「そのくせ」は非難する場合に使われると書きましたが、これはその例外と言えるものです。

ここでは、マスコミの寵児となったときに、ややもするとおごり高ぶる人が多いということが前提になっています。

その前提に対し、彼女は謙虚であり続けたという対比の形をとって称賛を表しています。

そのせいで　　　　　　　　因果

類似する接続詞 ⇒ 「おかげで」を参照（47 ページ）

そのため　　　　　　　　因果

論理的・客観的に因果関係を述べる

類似する接続詞 ⇒ 「だから」を参照（131 ページ）

「そのため」は、論理的・客観的に因果関係を表します。その点で主観的判断が伴う「だから」とは異なります。

---

①「あなた」という敬称は、今日では敬意が低下し、目上の者に対しては使われない。**そのため**、上位者に対しては「…さん」のように名前を用いたり、「…先生」「…部長」

103

のように役職者名を用いたりすることが多い。

②自然災害は時に甚大な被害をもたらす。そのため、さまざまな状況を想定して対策を立てておかなくてはならない。

①は、日本国語大辞典に掲載されている「あなた」の項に、手を入れたものです。

前半で「あなた」に対する敬意が低くなったことを言い、その後に「上位者」に対する敬称を示しています。

ここには、主観的な要素がありません。前半と後半の因果関係を論理的に述べています。

②は、自然災害がもたらすであろう被害を想定したうえで、対策を立てておく必要性を綴っています。これも客観的な論理展開になっています。

①②に示したように、「そのため」は論理的な表現になるので、「だから」より硬い表現になります。公的な文書などの書きことばとして使われる傾向があります。

②の「そのため」を「だから」に入れ替えてみます。違いを見てください。

②-1 自然災害は時に甚大な被害をもたらす。だから、さまざまな状況を想定して対策を立てておかなくてはならない。

「そのため」には「その」という指示語がふくまれているので、「甚大な被害をもたらす」ことに焦点が当てられます。

そのため、「対策を立てておかなくてはならない」ことが必然の結果として理解されるのです。論文やリポートでは収まりのいい書き方になります。

「だから」にも因果関係を示す役割があります。ところが「対策を立てておかなくてはならない」という判断は、個人の主観に基づく発言のような印象になります。

また、指示語を含む「そのため」に比べて「甚大な被害をもたらす」という根拠が、緩くなる傾向にあります。

そのとき／そのころ／その瞬間／と同時に

順序

物事が起こっているときに、時間的感覚をおかずに
並行して他の物事が起こっていることを示す

文章を書く際に、時間軸を中心にして物事の関わりを表現することがあります。物事の発生を基準に、その前後の動きを明確にする接続詞です。

物事が起こっているその時間・時期・時代などに別の物事が起こっていることを示します。

前半のことよりも後半の出来事に重きが置かれます。

「そのとき」より「そのころ」の方が時間の幅が大きくなります。

①我々がキャンプをするためにテントを張っていた。そのとき、突然大雨が降ってきた。
②徳川幕府は、外国貿易に対して厳しい鎖国政策をとっていた。そのころ、イギリスでは産業革命がおき全世界に

またがる帝国を築いていた。

①は、テントを張っている作業中の話です。
「そのとき」は作業が進行している途中で、という意味です。
「作業のどこかの時点で」という比較的短い時間幅を指しています。テントを張っていたことよりも、突然の大雨に重きが置かれています。
　②は、徳川幕府が鎖国政策をとっていたかなり長期間を「そのころ」が指しています。
「そのとき」より長いタイムスパンを表しています。ここでの主眼は、後半のイギリスの状況にあります。

「そのとき」「そのころ」の、時間幅の違いは接続詞に含まれる「時」「頃」によります。タイムスパンがもっと短くなると「その瞬間」「と同時に」という接続詞になります。

・地元から送られたイチゴを頰張った。その瞬間、上品な香りと甘酸っぱさが口いっぱいに広がった。
・餌を目の前に置いた。と同時に、愛犬は脇目もふらず食べ始めた。

これも「瞬間」「同時」という語句が、その前に書かれている事柄との時間の関係を表しています。

その反面（その半面）／
その一方

対比

対比した内容の、その裏表を示す

類似する接続詞 ⇒ 「一方／他方」

　前に書かれたこととは反対のことであったり、別の側面から見えたりすることを示す役割があります。

「反面」は、反対側の面、意外な別の面という意味があります。

「半面」は、表面の半分、物事のもう一つの面という意味です。

「その反面」と「その半面」は、「反面」「半面」の意味を含んだものだと理解するといいでしょう。

「その反面」のほうが、対立がより際立ちます。

①ペットを飼う人はここ数年、増えている。その反面／その半面、ペットを虐待する人も増えているという。

②フードロスが増え、大量の食料が廃棄されていることが社会問題となっている。その反面／その半面、その日の食事を満足に取れない子どもたちがいることを忘れてはならない。

　①は、ペットを飼う人は動物が好きに違いないという当然の推測が働きます。

　ところがその状況を裏切って、虐待が増えているという意外な側面を対比させています。

　②は、大量に廃棄される食料がある状況と、その日の食事も満足に取れない子どもたちがいるという社会の有り様を対比させ

ています。

「その反面／その半面」を「その一方」と置き換えても、伝える内容は変わりません。ところが「その一方」とすると、前の事柄と後の事柄が同じ重みで伝わります。

1. ペットを飼う人はここ数年、増えている。その一方、ペットを虐待する人も増えているという。
2. Aさんは賛成の意見だ。その一方、Bさんは反対の意見だ。

1は、①の接続詞を「その一方」に置き換えたものです。

前の文と後ろの文に軽重をおかず並列しているため、対比という構図がゆるくなります。

①のように「その反面／その半面」とした方が、対比が明確になり、後ろの事柄の方が、より重みを増します。

2は、賛成意見のAさんと、反対意見のBさんとを同等に並べています。

伝える内容が同じでも、接続詞の違いで対比関係と並列関係の差が生まれてきます。

そもそも

転換

これまでの流れからいったん距離を置き、
改めてその根本に立ち戻る

類似する接続詞 ⇒ 「それにしても」

改めて物事を説き起こすことを示す接続詞です。

「始め」という意味の「そも（抑）」を重ねていったことばで、「始め」「起こり」という意味があります。漢文訓読に用いられたものです。

> ①話し合いが決裂した。**そもそも**、事前調整でつまずいたのが原因だ。
> ②リモートワークで仕事の効率が上がった。**そもそも**、それほど人とかかわる仕事ではなかったので、会社に行く必要もなかったのだ。

　過去を振り返って、「そういえば……」と根本に立ち返る役目があります。そのため、いったんこれまでの流れから距離を置き、冷静に振り返る意識が働きます。基本的に問題が起きた理由などに言及する際に用いられます。「そもそも論」ということばと同様の背景を持ったことばです。

それから

1 継起
2 並列

1 前のことが成立した後に、引き続き次のことが続いて起こることを示す
2 似た事柄を並列したり、選択する対象を並べたりする

> ①昼食にカツ丼を食べた。**それから**行きつけのカフェでコーヒーを飲んだ。
> ②好きな食べ物は、牛丼と唐揚げ。**それから**ミートソーススパゲッティだ。

　①は、昼食、その後のコーヒーと、時系列に行動を記した「継

起」の用法です。カツ丼を食べたことが成立した後に、引き続きコーヒーを飲む行為が続いています。この場合は、どちらかの行動を強調するという意図を持ちません。

　②は、好きな食べ物を並列した書き方です。しかし「それから」に続くミートソーススパゲッティには、「あ、そういえば」という感覚の副次的・従属的な意味合いも含まれます。

　①と②の「それから」を「そして」（並列）に置き換えると、

> **①-1** 昼食にカツ丼を食べた。そして行きつけのカフェでコーヒーを飲んだ。
>
> **②-1** 好きな食べ物は、牛丼と唐揚げ。そしてミートソーススパゲッティだ。

となります。

　①-1 の場合は、カツ丼を食べた行為とコーヒーを飲んだ行為が、必ずしも連続した印象にはなりません。それぞれの行為が独立して並列的になるからです。

　②-1 は、牛丼・唐揚げ・ミートソーススパゲッティが同列です。②のような副次的・従属的な関係にはなりません。

それだけに　　　　　　　　　　　因果

前後の事柄が逆転した評価を示す

　「そうであるだけに」「それだからこそ」という意味を持つ接続詞です。「それだけに」は、前の事柄と後の事柄が逆転した評価

として落差を示すときに使われます。

　前半がプラスであれば、後半はマイナスの評価です。前半がマイナスの場合は、後半はプラスになります。

> ①8回表までのピッチングは、相手打線を翻弄し見事だった。それだけに、9回表のあの1球が悔やまれる。
> ②取材は難航を極めた。それだけに、30年前の体験者の証言は貴重なものとなった。

　①は、前半のピッチングが見事であったというプラスの評価に対して、後半はマイナスの評価が続いています。

　②は、難航していた取材に対し、30年前の貴重な証言を得られたというプラスの要素が述べられています。

それで　　　　　　　　　　継起

類似する接続詞 ⇒ 「そこで」を参照（93ページ）

それでいて／それでいながら／そうでありながら　　　逆接

存在する両義性、両面性を浮き立たせる

　物事には、両義性や両面性が含まれています。

「それでいて」には、①前の事柄から想像されることとは、似つかわしくない事柄を次に述べる、②両面性を緩やかに対比させて

それぞれの違いを浮き立たせるという作用があります。

①この商品は、期待したほど使い勝手がいいわけではない。それでいて、価格は高めだ。
②私の上司は、誰にでも穏やかに優しく接している。それでいて、交渉の段になると筋をしっかり通す強さを持っている。
③この夏泊まった旅館は、古民家を移築したレトロな内装が特徴だ。それでいて、要所要所にスタイリッシュな現代建築の要素がみごとに調和している。

　①は、商品に期待したものが得られなかったことに対し、その割には価格が高めだということを批判しています。
　②は、上司が普段見せる優しさを提示し、それとは違う交渉時の筋を通す強さを緩やかに対比させています。前段と後段の矛盾は、上司の持つ両面性を否定するものではありません。
　③は、古民家のレトロな内装とともに、スタイリッシュな現代建築の要素とを対比させています。ここでも、一方を否定することではなく、両面性を評価しています。

　「それでいながら」「そうでありながら」は、「それでいて」と同様の役割を持つ接続詞です。

・彼女は中堅のリーダーとして一目置かれている。それでいながら、勉強熱心で常に最新のマーケティングを勉強し続けている。
・原稿の正確性を担保する校閲という仕事は極めて重要だ。

> そうでありながら、仕事の評価と単価が低いのはどうした
> ことだろう。

「それでいながら」は、前に書かれた主体（彼女）の状況、性質
について言及しています。「そうでありながら」は、前に書かれ
た主体（校閲という仕事）の客観的な状況を捉えています。

それでいながら

逆接

類似する接続詞 ⇒ 「それでいて」を参照（111 ページ）

それでなくても

逆接

前の状況・程度を上回る事柄を示す

決していいとは言えないいまの状況であったり、前に書かれた
事態が元になったりして、さらに甚だしい事態になることを示し
ます。

> ①景気の低迷でじゅうぶんな賃金が払えない状況が続いて
> いる。それでなくても、少子化の影響で若い働き手が少
> なく、人材の確保が難しい。
> ②今回は彼女のお陰でピンチを乗り切ることができた。そ
> れでなくても、彼女には日頃から大変な業務を担当して
> もらい、感謝している。

①は、景気の低迷に少子化の影響が追い打ちをかけているとい

う状況を説明しています。すでに状況が悪化しているところに、さらに状況を悪くする事柄が続いています。

「それでなくても」という接続詞は基本的に、好ましくない現在の状況に対して、さらに好ましくない状況を重ねる場合に用いられます。

②は、ピンチを乗り切る立役者としての存在を述べ、普段の業務にも大きな苦労をかけていることへの感謝が記されています。

①とは異なり、悪い状況や不快感を伴う内容を導いているわけではありません。こうした使い方も理解しておきましょう。

「それでなくても」は前の事柄を書かず、文頭に置かれる場合もあります。

- **それでなくても、この地の冬の寒さは尋常ではない。まして、この時期は風も強いので体感温度は、実際の気温よりかなり低く感じる。**

この場合は、後ろの文でより寒さの程度が増すということを述べています。

「それでなくても」が文頭に使われる場合は、程度の大きさが表現されます。そのため「まして」という副詞をつけて「前述の場合でさえこうなので、後述の場合はもちろん」というニュアンスを出しています。

それでは（では）

それまでの話の流れを締めくくって、話題の転換を示す

類似する接続詞 ⇒ 「ところで」「さて」

　それまでの事柄をいったん締めくくって話題を変えたり、前の事柄を理由・根拠として次に述べる事柄を導いたりする役目があります。

---

①意見は出尽くしたので、ここで質疑は打ち切ります。**それでは**、採決に移りたいと思います。
②この1週間、練習をしてきたことと思います。**では**、課題を弾いてください。

---

　①は、ここまでの議論をいったん締めくくって、採決に移ることを伝えています。
　②は、ピアノのレッスン模様でしょうか。練習をしてきたことを前提・理由に、課題を弾くよう求めています。
「では」は、「それでは」の省略形です。区切りをつけて、あいさつなどをする場合にも使われます。

・**では**、さようなら。
・**では**、きょうはここまでにしましょう。

それどころか

逆接

前の事柄から考えられる状況・程度を上回る事柄を示す

前に書かれた状況に対して、予想を上回ったり裏切ったりするような結末を表現するときに用います。

> ①ここまで親身になって支えたのに、お礼も言わない。それどころか、不満ばかりを言い募る始末だ。
> ②そんな理由で不機嫌になったわけではない。それどころか、みんなの親切に応えられなかった自分に腹が立ったのだ。

①は、親切を仇で返されたという心境を書いています。お礼があるだろうという予想に反して、不満ばかり言い募られたという裏切られた結末が導かれています。

ここには、驚きや戸惑いといった感情が表現されています。

②は、周囲が予想していることとは異なり、親切に応えられなかった自分自身に対する憤りが不機嫌になった理由です。

ふがいない自分に対しての感情の揺れを「それどころか」という接続詞を使って表現しています。

それとは反対に／それに比べて

対比

類似する接続詞 ⇒ 「これに対して／それに対して」を参照（61ページ）

それとも　　　　　選択

疑問表現のなかで選択肢を並列させる

類似する接続詞 ⇒ 「あるいは」「ないし」「ないしは」「または」「もしくは」

　選択肢を並列させたり、原因などを列挙したりする働きがあります。

「〜か、それとも〜か」という表現で選択肢を並列させるのが、特徴です。

> ①コーヒーにします**か**、**それとも**紅茶にします**か**。
> ②消費者のニーズに合ったの**か**、**それとも** SDGs の流れにうまく合致したの**か**、瞬く間に在庫不足になったため急ぎ増産態勢に入った。

　①は、コーヒーか紅茶を選択するよう相手に聞いている表現です。この質問に対して、答える側は「オレンジジュースはありますか」など、別の選択肢を確認することもできます。

　②は、商品が予想もつかない売れ行きを見せた驚きに主眼があります。

それに　　　　　累加

前と後に書かれたことが、
フラットに置かれ同じ価値を持つことを示す

類似する接続詞 ⇒ 「加えて／かてて加えて」

前に述べられたことと、後に書かれたことが同様の価値を持ちます。また、後に書かれたことの方に重きが置かれる場合もあります。副次的な事柄を加える役目もあります。

①提案に賛成することはできない。**それに、修正案も認めないとは、言語道断だ。**
②朝食はクロワッサンとゆで卵、サラダだという。**それに、コーヒーが付けば僕はじゅうぶんだ。**
③実家では、リンゴ、ブドウ、イチゴ、**それに、ジャムもつくっている。**

　①は、後半の「修正案も認めない」ということが、前半と同じ程度、あるいはそれ以上に重要であることを表しています。
　②のように、並列的な意味も含まれます。
　前半に朝食の内容について書かれています。その後に「コーヒーが付けばじゅうぶん」という仮定としての要素が並列しています。
　コーヒーは、クロワッサン、ゆで卵、サラダと同列に並べられています。それぞれが等価値として重ねられています。
　柔らかい表現として、おもに口語で使われます。
　③は、「リンゴ、ブドウ、イチゴ」などの果物の栽培がメインの事業で、ジャムが副次的な事業であることを示しています。

それにしては

逆接

前の事柄を踏まえて、なお反論したり批判したりする

　前に書かれていることに対して、後に続くことが予想とは異なる状況を示します。**予想とは異なる状況をいぶかしく思う感覚が加わります。**

> ①彼は一番の成績で入社したと聞いていた。それにしては、基本的なことすら理解できないのはどうしたことだろう。
> ②午後から天気が崩れるとの予報だ。それにしては、不気味なほど海も凪いで静かだ。

　①は、一番の成績で入社したというので、それなりの期待を持つ状況です。そこから考えられる状況とは異なることを表しています。

　基本的なことすら理解できないことに対して、「一番の成績」をいぶかしく思っている状態です。

　本来であれば、成績優秀で入社した人に対する話がプラスの方向で続く流れです。ところが、期待に反した状況によって、マイナスの評価を軸とした話の流れが生み出されます。

　②は、天気が崩れる前だというのに、海は波もなく静かだという状況を伝えています。そこには、天気予報をいぶかしく思っている状況がうかがえます。

　天気が悪くなるという状況を踏まえれば、それに備えた行動をとることになります。

　ところが、海は静かで天候悪化の兆候が見えません。

　小説であれば、ここからミステリアスな展開を期待できます。

それにしても

前の事柄を一応認めても、なお反論を加える

　話の流れをいったん止めて、仕切り直すときに用います。

　前に書かれていることを踏まえて、なお反論、批判をしたり、さらにつけ加えたりします。

「そのことはそれであるにしても」という意味を含み、いったん前の流れを止めて、他の意見を加えたり前提の再確認をしたりする仕切り直しの感覚があります。

　そのため、文章を転換したいときにも使われます。

①AIが発達し、文章も自動でつくれるようになったという。**それにしても、その文章の正確さはどうやって担保されるのだろうか。**

②きょうは重要なプレゼンテーションがある日だ。**それにしても、先輩はまだ会場に来ていないようだが時間に間に合うのだろうか。**

③今年の夏は例年より暑い。**それにしても、きょうは一際暑い。**

　①は、AIが自動で文章をつくるようになったという現実を了解したうえで、その文章の正確さをどうやって判断するのか、という疑問を呈しています。便利になるという結果に対して、文章への信頼を前提にしたものかどうかを書き加えています。

　ここには、AIの便利さに対し、いったん冷静に考えようとする視点が見られます。

②は、プレゼンテーションの発表という重要な一日であること
がわかっています。

そこに先輩がまだ来ないという別の視点での不安が描かれてい
ます。

③は、例年より暑く感じる夏であることを了解したうえで、さ
らに暑く感じていることを加えています。

それに対して
対比

[類似する接続詞] ⇒ 「これに対して」を参照（61 ページ）

それにもかかわらず
逆接

[類似する接続詞] ⇒ 「にもかかわらず」を参照（157 ページ）

それはそうと
（それはそれとして）
転換

[類似する接続詞] ⇒ 「ところで」を参照（144 ページ）

それよりも
対比

比較して、程度の違いを示す

前に書かれた内容よりも、後ろの内容の方がより重要であるこ
とを示します。

①小学校から英語教育が始まった。それよりも、まず母国語をしっかり身につけることの方が重要だと思う。

②昨年、世界最速の計算能力のあるコンピューターが誕生した。それよりも、さらに計算能力を向上させたコンピューターを開発することが我々の夢だ。

　①は、小学校での英語教育と母国語の教育について、その重要性を比較しています。

　②は、世界最速の計算能力を持つコンピューターを開発する際に、比較しているのが、昨年誕生したコンピューターだというのです。

　①②とも後ろの内容に、話の主眼・重要性が置かれています。

Column 2

過ぎたるは及ばざるがごとし

　昨今、名刺交換をした人からメールマガジンを送られるケースが増えました。

　顧客を呼び込むための一つの手段として有効だということは理解できます。

　しかし、文章にメリハリを付けるためなのか、接続詞を多用する書き方が気になり、内容が頭に入りません。次の例を見てください。（便宜上、段落に①〜③の番号を付けました）

例

①ビジネスは利益を生み出すものです。趣味とは違います。
ところが、多くの人はビジネスではなく趣味に甘んじているのです。
それはなぜかというと、利益が出せないからです。
つまり、１円も稼げないものは、趣味だからです。

②しかし「赤字は織り込みずみ」などと言って、現実を見ない人が多いのです。
が、しかし、それでは思いを叶えられるわけがありません。
が、あなたが、ビジネスを本気でやりたいのなら、
まずは、１円です。

しかし、多くの人はこれができません。
なぜなら、ビジネスで一発を狙おうとするからです。

③しかし、現実は夢物語ではありません。
なぜなら、赤字の会社に、たとえ小さな案件であっても任せようとはしないからです。
なぜなら、クライアントはリスクを嫌うからです。
だから、信頼を得るためにもビジネスをしなくてはなりません。
まずは、1円を稼ぐことが重要なのです。
つまり、1円を稼げないと1万円を稼ぐことはできません。

　こんな具合です。接続詞が多用されているのがわかると思います。**接続詞は文章の流れを導く羅針盤としての役目があります。**ところが、ここまで多用すると却って、読みづらさが増してしまいます。改めて①〜③の段落ごとに確認していきたいと思います。

　①は導入部分として、趣味とビジネスの違いを書いています。
　ビジネスは利益を生み出すもので、趣味とは違うと切り出しています。この時点で「ビジネス＝利益を出す」「趣味＝利益を出せない」という構図が見えています。
　これを受けて「ところが、多くの人はビジネスではなく趣味に甘んじている」と続きます。そして、すぐ後に「なぜかというと、利益が出せないから」とたたみかけています。これは最初の文と同じことを繰り返しているに過ぎません。さらに「つまり、ビジネスであっても1円も稼げないのは、趣味だ」と、ことばを変

えてさらに同じことを繰り返しているのです。

　内容はごく単純です。書き換えてみます。

> 改善例①
>
> **ビジネスと趣味の違いは、利益を出せるかどうかです。と
> ころが、利益を出せないままの人が非常に多いのです。こ
> れでは趣味の域を出ません。**

というだけの話です。いろいろ書いている割には、内容はあっ
さりしていることがわかります。

　次に②を見ていきます。

> **利益が出ていない現実を直視していない人が多い。ビジネ
> スで一発を狙っているからだ。まずは1円を稼ごう。**

これも、単純な内容です。にもかかわらず、全ての文頭に接
続詞がついています。「しかし」「が、しかし」「が」に続く文が、
何に対しての逆接なのかがわからなくなっています。「反対の反
対は反対なのだ」と矛盾した感じになり、ことの本質が見えなく
なっているのです。接続詞を重ねることによって、強調する意図
があるのかもしれません。しかし、これでは屋上屋を架すの類い
です。これも、書き換えてみます。

> 改善例②
>
> **しかし、「赤字は織り込みずみ」などと言って、現実を見な
> い経営者が殊の外、多いのです。1円を稼ぐことからビジネ**

スは始まります。キャッシュを手にいれなければ、そのビジネスは妄想に過ぎません。ビジネスは一発狙いのギャンブルとは異なります。

①でビジネスと趣味の違いを述べていました。それを受けて②で、殊の外多い経営者の間違った姿勢を展開しています。内容を対比させるため、冒頭に逆接の接続詞「しかし」を使いました。ビジネスは1円を稼ぐことが原点で、一発を狙うギャンブルではないということを言っています。

③では、ビジネスのあり方をさらに綴っています。
ビジネスの現実は夢物語ではない。信頼を得られなければ、たとえ小さな案件であっても任せてくれない。1円を稼ぐことから信頼関係を築くべきだ。
要約すると、こんな具合です。これも複雑なことを言っているわけではありません。ごく当たり前の内容です。
ここでも「しかし」「なぜなら」というふうに、逆接の接続詞のあとに、理由を導く接続詞を重ね、さらに「なぜなら」と、理由を続けています。その理由について裏付けとして「だから」という接続詞を配し「まずは、1円を稼ぐことが重要」と書き、「つまり」で改めて結論に導いています。「まずは」の部分を、「つまり」で言い換えているのです。かなり回りくどい文章になっています。ここも書き直してみます。

改善例③
夢物語のような話が舞い込む可能性は、ほとんどありませ

ん。赤字続きの会社に、たとえ小さな案件でも任せることは
ないからです。ビジネスは信頼です。そのためにも、まず1
円を稼ぐ努力をしましょう。1円すら稼げない人に、1万円
を稼ぐことは、それこそ遠い夢物語なのです。

ビジネスに夢物語は存在しない。その基本は信頼だ。大きな仕
事を夢想する前に目の前の1円を稼ごう。それができなければ、
それこそ夢物語に終わるというのが、ここでの趣旨です。

例文は403字で書かれ、延べ16の接続詞が使われています。
改善例は計308字、三つの接続詞です。改善例は、100字ほど
短くなっていますが、伝えたい内容に違いはありません。
接続詞を多用するのは、盛り込む内容が少ない割に文章を大き
く膨らませようとしているからです。接続詞を使って字数を稼い
でいるかのようです。同じことを何度も繰り返しているのがその
証左です。絞り込むとほとんど内容がなくなってしまうのです。

これでは、文章の羅針盤としての接続詞の意味がなくなります。
接続詞を使えば、わかりやすい文章になるわけではありません。
やはり文章の内容が重要なのです。
オウンドメディアやメールマガジンは、大量に書いて出せばい
いという時代は終わったように思います。大量情報消費時代に、
内容のないものを長々書いても、読み手は目もくれません。小粒
でも簡潔でピリリとした山椒のような文章を書く。そのために接
続詞を有効利用すべきなのです。

第3章

接続詞の種類
た行〜わ行

接続詞　**た〜と**

た

対比の接続詞

物事を比べて相違点を明らかにする

　物事を比べてその違いや類似していることを明確にする際に使われる接続詞です。

　比べる際には、複数の事柄を比較する場合と、二つのものを比較する場合があります。

「一方」「他方」「逆に」「それよりも」「これに対して」「それに対して」「その反面／その半面」「そのかわり」などがあります。

第一に／第二に／第三に　　順序

類似する接続詞 ⇒ 「順序の接続詞3」を参照（81ページ）

だが／だがしかし　　逆接

類似する接続詞 ⇒ 「しかし」を参照（69ページ）

だから

因果

前の事柄が原因となって、引き出される結果を示す

類似する接続詞 ⇒ 「そして（そうして）」（継起）を参照（95 ページ）

「だから」は、前半の事柄について、次に起こる結果について原因・理由を示す役割があります。基本的に客観的判断に基づきますが、時に主観的な判断が示される場合があります。

> ①きのうは一日中庭仕事をしていた。だから、体が痛くてしかたがない。
> ②世界で活躍できる力をつけたいと思った。だから、僕はアメリカの大学院に行くことにした。

①は、「一日中庭仕事をしていた」結果、「体が痛くてしかたがない」という因果関係が示されています。

②は、「力をつけて世界で活躍したい」という理由から、導き出された結果として「アメリカの大学院に行く」という選択が書かれています。

後半で主観的な意思や判断が示されています。「だから」は、原因に対する主観的な結果・判断を示す接続詞でもあるのです。

主観が強く表れる会話の例を次に挙げます。

> ・だから、注意しろと言っただろう。
> ・だから、言わんこっちゃない。

「だから」が客観的・論理的な主張を表現するだけではなく、主

観を強く表現する作用も強いからです。

　特に、相手側の失敗や過失をとがめる際に使われる言い回しです。

　そのため、やや感情的で強引な感覚があります。客観性を求められる論文やリポートなどには不向きな接続詞ともいえます。

「だから」は、前の文や語句の補足や因果関係・根拠を明確にするため、自然な流れを導く「そして」「そうして」「それで」とは異なります。

　ここでは「そして／そうして／それで」と「だから」の違いを見ていこうと思います。

「そして」の項で扱った例を再掲します。

①家に帰って、お風呂に入り、パジャマに着替え、そしてゆっくりお酒を飲む。至福のひとときだ。
②そして誰もいなくなった。
③やる気がでないままボーッとテレビを見ていた。そうして一日が終わった。
④朝寝、朝酒、朝湯が大好きで、それで身上つぶした。

「そして」「そうして」「それで」を、それぞれ「だから」に入れ替えます。

①-1 家に帰って、お風呂に入り、パジャマに着替え、だからゆっくりお酒を飲む。至福のひとときだ。
②-1 だから誰もいなくなった。
③-1 やる気がでないままボーッとテレビを見ていた。だから一日が終わった。

④-1 朝寝、朝酒、朝湯が大好きで、だから身上つぶした。

①-1 はこのままでは、文意が通りません。

・家に帰って、お風呂に入り、パジャマに着替えた。プロジェクトも終わり明日は久々の休みだ。だからゆっくりお酒が飲める。至福のひとときだ。

というように、文を作り変えなくてはなりません。

「そして」という接続詞なら、「家に帰った」⇒「お風呂に入った」⇒「パジャマに着替えた」という時間の流れに沿った事柄をつなげればいいのです。

　しかし「だから」の場合は、「ゆっくりお酒が飲める」という根拠を明確にしないとつながらないのです。

　この場合「プロジェクトが終わったこと」「明日が休みであること」が、その根拠となっています。

　②-1 では、小説のタイトルにはなりません。

「だから」が、明確な因果関係を求めてくるからです。

「そして」の場合は、そこにいたる経過・理由を含んだ流れを想起させます。そのため、劇的な何か、を読者に期待させるタイトルとなるのです。

「だから」は、明確な理由が提示されなければなりません。そのため、読者に劇的なるものの期待をにじませることはできないのです。

接続詞【た～と】

③-1 では、「一日が終わった」のは、「ボーッとテレビを見ていた」せいだ、という原因が明確にされます。

　この場合、「他にすべきことがあったのに」など、否定的な評価が主観的な観点として言外に加わるのです。

　④-1 でも、「朝寝、朝酒、朝湯」が「身上つぶした」根拠として示され、「当然のことだ」という言外の主観的意見を強くにじませることになります。

だからといって／ そうだからといって	逆接
前段を「なるほど」と肯定しながらも、 それに矛盾する状況を伝える	

「だから＋といって」の組み合わせでできています。

「だから」「そうだから」は、先の事柄について、因果関係を明確にしたうえで、当然次の事柄が起こることを示します。

「といって」は、先の事柄に対してそれを承認しながらも、それと矛盾する事柄を述べるときに使われます。この二つのことばが合体してできた「だからといって」は、

　だから：先の事柄については因果関係を明確にして承認したう
　　　　　えで、
　といって：それとは矛盾する事柄がある

という構造をとります。例を見ていきましょう。

①彼の目指すプレースタイルは、多くの人から無謀だと非難された。**だからといって**、彼は自らのプレースタイルを変えることなく、夢をかなえた。
②子どものころから野球に打ち込んできた部員が大勢いる。**そうだからといって**、全員がプロになれるわけではない。

①は、プレースタイルが無謀だとする意見に対し、予想される事態を覆して夢をかなえた、という逆接の構造になっています。無謀だとした意見を非難せず、一般的に妥当だと認めています。

次の文で、彼がなし得た夢を驚きとともに肯定し、前段で一般的に妥当だとした非難が、全てを言い得ているわけではないことを表しています。

②は、リトルリーグなどに入って、子どものころから野球に打ち込んでいる大勢の部員がいる事実を書いています。

ところが、その中でプロになれるのはごくわずかである、という状況を逆接として伝えています。

「だからといって」が、前の事柄を認めたうえで全部が全部そうではない、という内容を導いています。

そのため①や②のように、プラスの事柄でもマイナスの事柄でも使うことができます。

ただし／ただ   制約

「それでもいいが、条件がある」ということを表す

類似する接続詞 ⇒ 「なお」「とはいうものの」「とはいえ」

法規、条約、規約などによく使われる「但し書き」は、前に書かれた内容などについての説明・条件・例外などの制約を書き添えた文のことです。

　それは、内容をすべて肯定するものではないという条件や制限が、補足として加えられたものです。

「但し書き」と同じような趣旨で、前に書かれたことをよしとしながらも、それを成立させる条件を付け加える役目を持つ接続詞です。

①語学留学に行くことは許可する。ただし、TOEIC のスコアを 600 点以上取ってからの話だ。
②両議院の会議は、公開する。ただし、政府の要求又はその議院の決議により、秘密会とすることができる。
③弊社の女性の割合は、40％になった。ただし、部長級以上の役職では 5％にとどまっている。

　①は、語学留学については了解しています。

　ところが無条件に了解しているわけではなく、TOEIC のスコアがその条件として提示されています。

　②は、大日本帝国憲法の第 3 章第 48 条の現代語表記です。帝国議会の役割を定めたものです。両議院の会議は公開するとしていますが、それは全てではないという付帯事項が示されています。

　③は、会社における女性の割合は 40％だが、部長級以上で見るとその割合は 5％に過ぎないことが書かれています。

　これは、前半と後半のねじれ・矛盾に焦点を当てた書き方です。

　この場合、内容の力点は前半の「女性の割合は、40％になった」にあります。

「部長級以上の役職では 5％にとどまっている」という後半部分は、あくまでも補足説明にすぎません。

　前半と後半のねじれ・矛盾を表現するために、「ただし」を「しかし」（逆接）に置き換えると、

> ・弊社の女性の割合は、40％になった。しかし、部長級以上の役職では 5％にとどまっている。

　となります。こうすると、「しかし」に導かれた部分に重きが置かれます。
「A しかし B」は、「A ではなく B」という建て付けになるからです。

「ただし」から強調の意味を持つ助詞「し」を取ったものが、「ただ」です。
「ただ」の方が、伝える側の主張が弱い傾向にあります。

> 1. 本の貸し出しは一人 5 冊までです。ただし返却期限は 1週間後です。
> 2. 本の貸し出しは一人 5 冊までです。ただ返却期限は 1 週間後です。

　1 の方が強い口調になり、返却は厳守だという理解です。貸し出しの冊数より返却期限に重きが置かれた書き方になります。
　一方、2 の方は、そこまで強い口調ではなく返却期限は目安として捉えることもできます。むしろ、貸し出しの冊数に重きが置かれた書き方になります。

接続詞【た〜と】

たとえば／例をあげれば／具体的には

具体的な事柄を例に取って説明する

「たとえば」は文字通り、「例をあげれば」という意味です。前に書かれた内容を具体的に例示する役目があります。

また、話を整理するために、それまでの内容をいったん引き受ける形で具体例を示す場合もあります。

いずれの場合も具体的に示すものは、読み手が理解できるものでなくてはなりません。

> ①漢字の成り立ちを説明する一つに、ものの形を表した象形があります。たとえば、「川」は水の流れを3本の線で表していますし、「山」は山容を表しています。
> ②スポーツ観戦が趣味です。たとえば、野球やバスケットボールは、アメリカまで観戦旅行に出かけるほどです。

①は、「たとえば」の基本的な用法です。字源の六書の一つ象形について、「川」と「山」を例に引いて具体的に説明しています。

この場合、「たとえば」を「例をあげれば」としても意味は変わりません。

> ・漢字の成り立ちを説明する一つに、ものの形を表した象形があります。例をあげれば、「川」は水の流れを3本の線で表していますし、「山」は山容を表しています。

②は、趣味のスポーツ観戦について、どういう競技を対象にしているのかについて、野球とバスケットボールだと具体的に明示しています。

さらに観戦のために、アメリカまで出かけるという情報も提示しています。事例を説明するだけでなく、それに付随する事柄を伝える役割を持っています。

ある命題について、仮定の話のなかで具体的な事例を引いて説明する時にも使えます。

> ・経費節減の一つは、人件費を削減することだ。たとえば、注文と精算を機械化すると、そこにかかる2人の要員を削減することができる。

経費節減が一つの命題で、人件費の削減は提言であり仮定の話です。その仮定の話のなかで具体的な事例を出して説明する用法です。

この場合、「たとえば、〜（する）と」という形を取ることができます。

「たとえば」と同様のことばに「具体的には」もあります。先の例で言えば、

> ・経費節減の一つは、人件費を削減することだ。具体的には、注文と精算を機械化すると、そこにかかる2人の要員を削減することができる。

という具合に置き換えることができます。

他方	対比
[類似する接続詞] ⇒ 「一方」を参照（45 ページ）	

ついては（つきましては）	継起
前の内容について、必要であったり、次の事柄が起こったりすることを示す	

「ついては（つきましては）」の前にある内容が成立するために必要な事柄を、後に示すときに使われます。

①あす、部会を開きます。ついては 10 時にご参集ください。
②今日あるのは、皆さまのご愛顧の賜物と衷心より御礼申し上げます。つきましては、お得意様限定の謝恩頒布会を催したく存じます。

①は、部会を開くという先行の事柄のために「10 時に集まる」必要性を示しています。
②は、「ご愛顧」に対するお礼のために、後段の「お得意様限定の謝恩頒布会」を開くというお知らせを丁寧に言ったものです。

例を見てもわかるように、「ついては」は、現代社会のなかで

はやや硬い表現になるかもしれません。

　そのため書きことばで使われることが多く、話しことばでは、あらたまった場面で使われます。

「つきましては」は「ついては」の丁寧な言い回しです。

ついで／つづいて／ついに　順序

類似する接続詞 ⇒ 「順序の接続詞1」を参照（77 ページ）

次に　順序

類似する接続詞 ⇒ 「順序の接続詞1、2」を参照（77、79 ページ）

つまり／つまるところ　換言

話の内容をまとめる

類似する接続詞 ⇒ 「すなわち」「要するに」

接続詞【た〜と】

　先に書かれた内容を別の表現で言い換えたり、そこまでの内容をまとめたりする役目があります。

①洋服や髪型にはこだわりがある。つまり、個性の表現を大切にしたいんだ。

②勉強だけでなく、生徒の生活習慣や自主性の醸成も必要となると、先生にはかなりの負荷が掛かる。つまり、先生の働き方改革が必要なんだ。

①は、洋服や髪型のこだわり＝個性の表現として、ことばを言い換えています。

　②は、先生に求められていることが負荷となっている現状を受けて、働き方改革が必要だ、と話をまとめています。

「つまり」は「詰まる」という動詞から派生しています。

　そのため、当然の成り行きとして行き着くところ、という意味を含んでいます。わかりやすく言い換える、それまでの内容をまとめるという働きを持つのです。

　内容をまとめる場合は「つまるところ」という強めた言い方もできます。②の例を引き、書き換えてみます。

・勉強だけでなく、生徒の生活習慣や自主性の醸成も必要となると、先生にはかなりの負荷が掛かる。つまるところ、先生の働き方改革が必要なんだ。

　このように、入れ替えても成立します。

転換の接続詞

話題を変えて場面を移行させたりする

　転換の接続詞は、前の話題から異なる話題に移るときに用いられます。

　それまでとは全く異なる文脈になる場合もあります。また、そ

れまでの話題をいったん打ち切って、次の話題を促す場合もあります。

「ところで」「さて」「では／それでは」「それはそうと（それはそれとして）」「それにしても」があります。

 と

とうとう　　　　　　　　　　　　　　順序

類似する接続詞 ⇒ 「順序の接続詞 1」を参照（77 ページ）

どうせ／どうせなら　　　　　　　　結論

類似する接続詞 ⇒ 「どのみち／どっちみち」を参照（147 ページ）

ところが　　　　　　　　　　　　　逆接

想定から大きく外れた流れを導く

「ところが」は、あっと驚く逆接の展開や意外性を打ち出す接続詞です。当然想定していた流れから、かなり外れた内容を示す場合に使われます。

①見に行こうと思っていた美術展は、ネット上ではかなり酷評されていた。ところが、実際に見てみると、見事な作品ばかりで感動した。百聞は一見にしかずとはこのことだ。
②妻の妹が結婚することになった。ところが、驚いたこと

にその相手は僕の大学時代の友人だったのだ。

①は、ネット上で酷評されていた美術展は、実際に見てみると素晴らしかったという展開です。

マイナス評価とプラス評価の差が、想定より大きいことを「ところが」という接続詞が導いています。

②は、義妹が結婚することになったことと、その相手が自分の友人だったことは、逆接の関係とは言えません。

これは、順接条件を表す接続助詞の「ところが」に近い用法です。

この場合は「～した。すると」という意味になります。

・妻の妹が結婚することになった。すると、驚いたことにその相手は僕の大学時代の友人だったのだ。

こんな具合に置き換えることができます。思いがけない大きな驚きを表しています。

ところで／さて／それはそうと（それはそれとして）

転換

それまでの話の流れを変え、別の話題に誘導する

類似する接続詞 ⇒ 「それでは（では）」

話の流れをいったん打ち切って、次の話題に誘導します。いずれも話しことばとして、話し始めに用いられる接続詞です。

① きょうはわざわざご足労くださり、ありがとうございました。ところで、この後少しお時間を頂戴できませんでしょうか。別件でお話ししたいことがあります。
② さて、そろそろ次の議題に移りたいと思います。
③ さて、浦島太郎は気づくと見たこともない岸辺の風景に驚いたのでした。
④ 企画の提出をありがとうございました。それはそうと、お父様のお加減はいかがですか。

①は、ある案件で訪れた相手に対して、さらに別件の話があるため、都合を聞く切っ掛けとして使われています。

②は、それまでの話を切り上げて、次の議題に移るための意思表示として用いています。

③は、これまでの話に続けていくときに用います。話題を転換するという使い方と異なります。

④は、それまでのビジネスの話題から一転して、プライベートな話題に移る切っ掛けとなっています。

③以外は、「ところで」「さて」「それはそうと」を入れ替えて使っても問題はありません。それまでの流れをいったん打ち切る役目を持つからです。

「それはそれとして」は「それはそうとして」「それはそうと」が変化したものです。

・円安が響いていることは分かっている。それはそれとして、材料費を抑える工夫をしよう。

とにかく／ともかく

これ以上とやかく言わず、まずは一つの結論を示す

類似する接続詞 ⇒ 「いずれにしても／いずれにしろ／いずれにせよ」

さまざまな選択肢や意見があっても、そうしたことはいったん脇に置いて、というイメージが含まれています。

「とにかく」の方が「ともかく」より性急で強引な結論を示す傾向があります。

①諸般の事情はわかった。**とにかく**、今週中に代替案をまとめてほしい。

②就職するか大学に進むべきか。**ともかく**、いまは将来、何をしたいのかを考える時だ。

①は、今週中に代替案をまとめることが、優先されることを伝えています。これは、前半にある諸般の事情をいったん脇に置いて、最優先すべき課題を指示しています。

「ともかく」より、有無を言わせないといった強引さがあります。

②は、前半に述べられている就職か進学という悩みはいったん脇に置いて、将来何をしたいのか、まず考えるべきだという結論を述べています。その結論を待って改めて就職か進学かを考えればいい、という取り急ぎの方向を示しています。

「とにかく」は、「あれこれ」という意味の「とにかくに」が変化したものです。

「と」は「そのように」、「かく」は「このように」という意味の

副詞です。

「と」と「かく」は、対になって「とかく」「とにかくに」「ともかく」などの形で使われることが多い語句です。

また、「それは」という指示語がついて「それはともかく」「それはともかくとして」などのように使われることもあります。

指示語がつくため、いったん脇に置く事柄がより明確になり、後半との対比が際立ちます。

> ・ここは交通の便がよくない。それはともかく／それはともかくとして、緑が多く自然環境は最高だ。

どのみち（どっちみち）／どうせ

結論

結局、結論は同じだ、と断念の意味を含む

類似する接続詞 ⇒ 「いずれにしても／いずれにしろ（いずれにせよ）」「どちらにしても／どっちにしても」

「どのみち／どっちみち」も「どうせ」も、どんな状況や選択肢が示されても、結論はあらかじめ決まっているといった断念や諦め、無力感を含んでいます。

「どのみち」は「何の道」と書くことができ「いずれの道を選んでも結局」という意味です。「どっちみち」は「どのみち」の話しことばです。

「どうせ」は、単なる断念や諦めであったり、好ましくない事態になることに対して、自暴自棄になっている感覚を含んでいます。

①練習はしっかりやったが、創部間もない弱小チームだし対外試合もしたことがない。どのみち／どっちみち、あのチームには勝てるわけがない。
②彼はダイエットをして10キロ体重を落としたらしい。どうせ、すぐにリバウンドするに違いない。

　①は、どんなに頑張っても弱小チームなので、勝てるわけがないという諦めが描かれています。前半で現状を綴り、後半ではそこから導き出される結論を示しています。
　②は、体重を10キロ落としたことを評価とすべきところを、後半で否定的な意見を示しています。そこには、ダイエットへの懐疑的な意識がうかがえます。

　上記の用法とは異なり、前向きな選択肢を示す「どうせ〜なら」という形の使い方があります。

・新規事業を立ち上げようと思っている。どうせやるなら、地方活性に役立つ事業を考えたい。
・初めての決勝進出だ。どうせ戦うなら、悔いのないよう全力でぶつかっていきたい。

　これも①②と同様、選択肢がいろいろあったとしても、結論は一つに集約されています。
　ただ、ここには能動的な意識が含まれており、マイナスの感覚はありません。
　「どうせ〜なら」は「どうせなら」という形に省略して使われることもあります。

- 新規事業を立ち上げようと思っている。どうせなら、地方活性に役立つ事業を考えたい。
- 初めての決勝進出だ。どうせなら、悔いのないよう全力でぶつかっていきたい。

どちらにしても／どっちにしても

結論

行き着く結論は同じであることを示す

類似する接続詞 ⇒ 「いずれにしても／いずれにしろ／いずれにせよ」「どのみち／どっちみち」「どうせ」

「どちら」は不特定の方向や場所を指したり、複数（特に二つ）のものの中から何か一つを選んだりする働きがあります。

「にしても」は「～する場合でも」という意味の連語です。

「どちらにしても」は、「どういう方向・場所・ものであっても」という意味を持ちます。

　さまざまな選択肢があったとしても、行き着く結論は変わらないことを示します。

「どっちにしても」は「どちらにしても」のより砕けた表現です。話しことばでよく使われます。

「いずれにしても」の「いずれ」が「どちら」に入れ替わったもので、意味はほとんど同じです。

①ここからはバスかローカル列車で行くしかない。どちらにしても／どっちにしても、運行本数は少ないし時間もかかる。

②その夢を追いかけるかどうかは君の気持ち次第だ。どちらにしても／どっちにしても、そう簡単な道ではない。

①は、交通手段は二つに絞られることが提示され、それについて、運行本数の少なさと時間がかかることを取り上げ、楽ではないことを示しています。

②は、前半の内容では肯定的とも取れる意見を言いつつ、後半では、それについて「簡単な道ではない」と反対の意見をあげています。

「どちらにしても／どっちにしても」は、後半に考えが集約されるため、本音の部分では夢を追いかけることについて、否定的であることがわかります。

と同時に

順序

類似する接続詞 ⇒ 「そのとき」を参照（105ページ）

とはいうものの／とはいえ

制約

前に述べた事柄と相反する内容を示す

類似する接続詞 ⇒ 「ただし／ただ」

前に書かれた事柄を確認しながらも、それに反したり矛盾したりする事柄を述べるときに使われます。

①このバーボンは、いまではよく見かけるようになった。とはいうものの、数年前にはほとんど店に置かれていない

幻のバーボンとして有名だった。

②部長には、気軽に相談しに来るよう言われた。**とはいえ、**
そう気安く相談するわけにもいくまい。

①は、いまではよく見かけるバーボンであることを確認しています。しかし、それはかつて入手困難だった幻のバーボンだったと、現在とは異なる状況を説明しています。

②は、気軽に相談しに来るように、と言われたことは確認できている。ところが、そう気楽に相談にいけるほどハードルは低くないという矛盾を表しています。

ともあれ

結論

どんな事情があったとしても、ひとまずの結果を示す

類似する接続詞 ⇒ 「なんにせよ／なににせよ」「とにかく」「ともかく」

「ともあれ」は、接続詞と副詞の役割があります。どちらも「それはそれとして」という意味を含んだものです。

副詞の場合は「〜はともあれ…」の形で使われることも多いと思います。

たとえば「成績はともあれ無事卒業できてよかった」などがその例です。成績はこの際置いておいても、卒業できてよかったという意味になります。

接続詞の場合も同様に、どんな事情があったとしても帰結するところは同じであることを示します。

①一時期は、契約も打ち切られ、銀行からの融資も止められそうになったこともあった。ともあれ、事業を継続できる新サービスが軌道に乗って本当によかった。
②紆余曲折を経てようやく復旧できた。ともあれ、住民の方の協力がなければできないことだった。

　①は、一時期の苦境があったにせよ、新しいサービスが軌道に乗ったことを伝えています。前段の出来事は、それはそれとして、という感覚が含まれています。

　②は、さまざまなことがあったとしても、住民の協力があって一応の成果が出たということを表現しています。

　話の重点は、接続詞「ともあれ」に続く後半にあります。
　前半のさまざまな状況はあるにせよ、ひとまずの結果・結論が示されています。「ともあれ」は「なにはともあれ」「理由はともあれ」といった形でも使われます。

ともかく

結論

類似する接続詞 ⇒ 「とにかく」を参照（146 ページ）

接続詞 な〜の

な

ないし／ないしは　選択

提示された事柄のうち、どちらかが選択されることを示す

類似する接続詞 ⇒ 「または」「もしくは」「あるいは」「それとも」

「ないし」は、前に示されたことと、その後に示されたことの、どちらかが当てはまる場合に使われます。

　数量などの上下・前後の限界値を示す場合、中間の値を全て示さず省略します。「ないしは」は、「ないし」を強調した言い方です。

> ①必要な連絡は、メール**ないし**グループチャットで行います。
> ②研究の成果は5年**ないし**10年を見込んでいる。
> ③研究の成果は5年**ないしは**10年を見込んでいる。

　①は、「メールまたはグループチャットで」と同じ用法です。

　連絡手段としては、メールもグループチャットも用意しているが、連絡する際には、そのどちらかを選択するという意味です。両方を同時に使うことにはなりません。

　②は、最短で5年、最長で10年ということです。

　成果が期待できる期間が「5年〜10年」だと言っているのです。中間の6年〜9年を省略しています。英語の「between」に近い感覚です。

接続詞【な〜の】

153

③は、「ないしは」で強調する言い方です。

　ところが単なる強調ではなく、「5年か10年」という選択を示しており、5年で成果がでなければ10年かかるという意味になります。英語の「or」に近い感覚です。②とはニュアンスが異なります。

「ないし」は「乃至」と書かれ、漢文の訓読では「すなわち…に至るまでに」「すなわち…までに」と読まれていました。

　それが「ないし」と音読されるようになり、やがて接続詞として用いられることになったものです。

　漢文的要素があるため、「ないし」は書きことばやあらたまった場で使われることが多い接続詞です。

なお　　　　　　　　　　　　　　　　　　　制約

「付け加えて言えば」というときに用いる

類似する接続詞 ⇒　「ただし」「ただ」

　前に書かれた内容が成り立つために、欠かせないことを後に示す際に使われます。

「ただし書き」と同様、「なお」で始まる補足や例外の文章を「なお書き」と言います。

①この施設は、22時から翌8時まで無人となります。なお、緊急の場合は以下までご連絡ください。

②当遊園地をご利用の方は、パスポートチケットをご購入ください。なお、このチケットには、入園料及び、全ア

トラクションの料金が含まれております。

①は、まず施設の利用規定が述べられ、その後に緊急時の例外規定を説明しています。

「なお」で始まるこうした書き方を「なお書き」と言います。

②は、遊園地の利用客に対して、パスポートチケットの購入を促しています。そのうえでチケット料金に含まれているものを補足しています。

「なお」は「ただし」のように、前半の内容に対して後半で「制約」を加えるという役目はありません。

「なお」は、あくまでも必要な内容を付け加えることに重きが置かれています。「ただし」は、前半部分に対して「条件」や「制約」が加わっているため、感覚的にも厳しさが加わります。

接続詞【な〜の】

なおかつ   並列

類似する接続詞 ⇒ 「かつ」を参照（53 ページ）

ならびに   並列

類似する接続詞 ⇒ 「および」を参照（50 ページ）

なんにせよ／なににせよ

結論

何がどうであれ、結論は同じことを示す

類似する接続詞 ⇒ 「いずれにしても／いずれにしろ／いずれにせよ」「どちらにしても／どっちにしても」「どのみち／どっちみち」「どうせ」

　ほかの事柄や状況などがどうあれ、同じ結論に導かれることを示します。

　「なんにせよ」は話しことばに、「なににせよ」はやや硬い書きことばに使われます。

①まあまあ落ち着いて。なんにせよ、まずは食事にしよう。
②何が原因で家を出たのか、どういう経路でその町にたどり着いたのか詳しいことは何もわからない。なににせよ、無事であることがわかってホッとした。

　①は、事柄や事態はともかく、いったん落ち着かせるために「食事をしよう」と目の前の問題に視点をずらしています。

　この場合、「まあまあ落ち着いて」という状況が具体的にわからなかったとしても、その時の状況をいったん収めるために「なんにせよ」を使っています。

　②は、家を出た原因やその町までの経路がどうあれ、無事であったことが一つの結論として示されています。

　ここでは、前半の状況より、後半の「無事であることがわかってホッとした」ことに重点が置かれています。

　①②はともに、前半に書かれていることが、一つの問題である

ことはわかっています。

　それでも「前半のことはいったん置いて、それはともかく」という意識が働いています。

にもかかわらず／それにもかかわらず

逆接

じゅうぶん納得している事柄について、
後段でそれに反する状況を伝える

　前段に書かれていることをじゅうぶん理解し納得しているのであれば、後段では当然予想される結果が導かれるはずです。

　ところが、そうした予想に反したり逆行したりする内容が続く場合に「にもかかわらず／それにもかかわらず」を使って、後段を導きます。

> ①彼は、医師から規則正しい食生活をするよう指導された。
> にもかかわらず、深夜にビールを飲みながら、ラーメンを食べてしまう。
> ②きょうは風が強く波が高い。それにもかかわらず、この波を楽しむサーファーでいっぱいだ。

　①は、「規則正しい食生活」が健康にいいことは認めているし、納得しているはずです。

　ところが実際は、それに反して深夜に暴飲暴食を重ねる行動を

「にもかかわらず」が導いています。

　②は、波が高い状況で海に入ることが、一般的に危険だということはわかります。その危険に逆らって波を楽しむという状況を「それにもかかわらず」が導いています。

　「それにもかかわらず」は、「それ」という指示詞を含んでいるので、接続詞の前後の対比が、より明確に示されます。

　「にもかかわらず」は、連語「にも」＋動詞「かかわる」の未然形＋打ち消しの助動詞「ず」がついた連語としても使われます。

・雨にもかかわらず、散歩に出かけた。

というように、一つの文のなかに収めることができます。
そのため①も、

・彼は、医師から規則正しい食生活をするよう指導されたにもかかわらず、深夜にビールを飲みながら、ラーメンを食べてしまう。

とすることができます。

は

はじめに　順序

類似する接続詞　⇒　「順序の接続詞1」を参照（77 ページ）

ひ

畢竟　順序

類似する接続詞　⇒　「順序の接続詞1」を参照（77 ページ）

一つ目に／二つ目に／三つ目に　順序

類似する接続詞　⇒　「順序の接続詞3」を参照（81 ページ）

並列の接続詞

「並列」と「累加」は、事柄を「並べる」という点では同じです。
「並列」は前後に書かれている事柄が対等に並びます。

　ところが、累加には、前後の要素に軽重が加わっています。
「また」「そして」「それから」「かつ」「なおかつ」「しかも」「お
よび」「ならびに」などがあります。

ま

まして／ましてや／いわんや | 対比

比較して、なおさらだということを示す

　前に書かれたことを認めながら、それであればなおさらだ、ということを示す役割があります。

　どちらかというと、後ろで述べられることは当然であるというニュアンスが含まれます。

①それは、大人にもわからない理屈だ。まして／ましてや、子どもに理解できるはずがない。

②娘がピアノのコンクールに出るということだけでドキドキしてしまう。まして／ましてや、優勝などしようものなら、涙があふれるに違いない。

　①は、大人と子どもを比較してみれば、当然のことだという意味が含まれています。

　②は、ただでさえドキドキする娘のコンクール。そこで優勝するという予想もしないことが起これば、感動で涙がこぼれるのは当然のことだという意思が働いています。

　これに類した文語表現に「いわんや」があります。

　①を例に引いて置き換えてみます。

- それは、大人にもわからない理屈だ。いわんや、子どもに理解できるはずがない。

　硬い書きことばです。話しことばでは、まず使われることはないと思います。

まず

順序

類似する接続詞 ⇒ 「順序の接続詞1、2」を参照（77、79ページ）

また

並列

似たもの同士を並列したり、
選択する対象を並べたりする接続詞

類似する接続詞 ⇒ 「および／ならびに」「かつ」

　一般的な接続詞として、利用頻度も多いことと思います。

　前に書かれていたことを受けて、別の内容を並列して付け加える役目があります。

　並列された内容について、基本的に軽重を付けたり、因果関係を記したりすることはありません。

　ただし「また〜も」という形で、「も」がついた事柄に力点が置かれる場合があります。

①一つのプロジェクトが終わると、また、次のプロジェクトに取りかからなくてはならない。
②彼は陸上100メートル走の記録保持者だ。また、ラグビー

のウイングでも俊足を発揮していた。

①は、プロジェクトが続く様子が書かれています。時系列に並ぶプロジェクトを記しており、そこには因果関係やことの軽重についての表現にはなっていません。

②は、「また～も」の例です。助詞「も」が加わるため、陸上選手として活躍していることを当然の理解としたうえで、ラグビー選手としての活躍に力点が置かれています。

または／もしくは

選択

並列的な成立と、一方のみの成立を導く

類似する接続詞 ⇒ 「あるいは」「それとも」「ないし」「ないしは」

選択肢を示すもので、一般的に使われることの多い接続詞です。

ここには、示された選択肢がどちらも並列的に成立する場合と、どちらか一方だけで成立する場合があります。

①答案は、ペンまたはボールペンで記入してください。
②著しく会社の名誉を毀損した場合は、3カ月以上の停職または退職処分とする。
③大会は、土曜もしくは日曜に行う。
④母は困惑もしくは辟易(へきえき)していた。

①は、「ペンまたはボールペンで」とあります。

ペンとボールペンを同時に使うことはできないので、どちらかを選択することになります。

一方で、並列的選択という見方もできます。

ペンで書いていた途中でインク切れになった場合、ボールペンに切り替えてもいいということになります。

②は、「3カ月以上の停職」と「退職処分」は、同時に成り立ちません。二者択一の選択肢です。

③は、「土曜もしくは日曜」なので、土曜と日曜の両日ということではありません。これも二者択一の選択です。

④は、「どうしてよいか困る」という意味の「困惑」と、「閉口する、困る」という意味の「辟易」という類義語が「もしくは」で接続されています。

双方に通底する母の感情は、二者択一ではなく、双方が並立し入り混じったものだと言えます。

［法令で用いる場合］大きな概念と小さな概念

法令で用いられる場合は、「若しくは（もしくは）」と「又は（または）」は使い分けられています。

同じ程度の選択的な事柄が並列される場合には「又は」を用い、「若しくは」を用いません。

また選択的な事柄のなかで、大きい概念と小さな概念の違いがある場合には、大きい方に「又は」を、小さい方に「若しくは」を用います。

日本国憲法第89条を引いてみます。

・公金その他の公の財産は、宗教上の組織若しくは団体の使用、便益若しくは維持のため、又は公の支配に属しない慈善、教育若しくは博愛の事業に対し、これを支出し、又は

その利用に供してはならない。

　大きく三つの構成要素に分かれています。以下のように、便宜上 A、B、C に分けて説明します。

A：【宗教上の（組織）or（団体）／の（使用）、（便益）or（維持）のため、】

　【　】で囲んだ A、B、C と、その中にある「　」で囲んだ部分は大きな概念なので、「又は」で接続されています。
　（　）で囲んだ部分は小さな概念として「若しくは」で接続されています。ここでは or に置き換えました。
　A の or に当たる部分は小さい概念として「若しくは」が使われています。
　組織と団体、使用・便益・維持がそれぞれ同程度の事柄とされています。

B：【又は公の支配に属しない（慈善）、（教育）or（博愛）／の事業に対し、】

　A と B は大きな概念として並んでいるので、「又は」で接続されています。
　B の慈善・教育・博愛は、小さな概念として並列されているので「若しくは」が用いられています。

C：【これを「支出し」、又は「その利益に供し」てはならない】

「支出し」と「その利益に供し」は、ともに「てはならない」と否定されています。この条文の重要な意味を持ちます。

そのため、大きな概念として「又は」で接続されています。

様々な要素が複雑に並ぶ法文では、「又は」と「若しくは」の使い方を厳密にして、違いをはっきりさせているのです。

むしろ	対比
比較して、もう一方の方がいいことを示す	

一般的な考えで当然あり得ると思われる事柄に比べ、その価値観を翻す内容を示します。

「むしろ」の後に書かれた事柄の方が、強調されます。

①会議に遅刻するのはあってはならないことだ。むしろ、そういうときは休んだ方がいいくらいだ。
②研究に10年を費やしているが、成果が上がらないという非難がある。むしろ、研究は緒に就いたばかりと言っても過言ではない。

①は、遅刻するなら休んだ方がいい、という通常の価値観を翻す内容が書かれています。

②は、10年という歳月の認識についてです。一般的には長期間だが、研究の立場では緒に就いたばかりだ、という考えが示さ

れています。

もしくは

選択

類似する接続詞 ⇒ 「または」を参照（163 ページ）

もっとも

制約

肯定の後に、例外・相反する内容を補足する

　前の事柄を肯定しつつ、対立・反対の条件や補足をつけ加えることを示す接続詞です。

　漢字では「尤も」と書きます。「最も」ではないので、注意しましょう。

> ①筋トレは、体幹を鍛えるのに重要だ。もっとも、やり過ぎて関節を痛めたりしないように注意が必要だ。
> ②声量もあるし表現力も豊かだ。もっとも、プロの歌手となるには、もう一つ輝きがほしい。

接続詞【ま～も】

　①は、筋トレの重要性は認めるものの、そのリスクを指摘しています。体にいいこともやり過ぎは逆効果だ、という対立する要素を補足しています。

　②は、プロ並みの才能があることは認めているものの、プロの歌手としては、才能だけでない内面から醸し出す何かがほしいと

いうことを補足しています。

　否定というより、素人と玄人のいわく言いがたい違いを示しているると言えます。

ゆ

ゆえに 因果

類似する接続詞 ⇒ 「したがって」を参照（76 ページ）

よ

要するに 換言

話の内容を要約して、再度述べる

類似する接続詞 ⇒ 「すなわち」「つまり／つまるところ」

　それまで述べてきたことを要約して再び述べる場合に用いられます。

　当然の成り行きとして行き着く先を導く「つまり」とは異なり、「要するに」は「要約」に力点が置かれています。

①ワインでも日本酒でも、ビールでもウイスキーでも構わない。要するに、酒であれば何でもいいということだ。

②この学校は、生徒が自由に遊べる環境を整えている。要するに、遊びにこそ学びがあるという考えだ。

①は、酒の種類は問題にしない。酒なら何でもいいと話を要約しています。

②は、学びについての考え方を、要約して「遊びにこそ学びがある」と再度表現し直しています。

よって 因果

類似する接続詞 ⇒「したがって」を参照（76 ページ）

接続詞 ら～わ

る

累加の接続詞

前の事柄に内容を重ねて加える接続詞

　累加という文法の用語は、随分難しく感じられます。

　累加とは重なり加わるという意味です。

　情報は画一的なものではありません。

　前に書かれた内容に対して、それに続く文で別の内容を加えたり、新しい情報や展開を述べたりして、内容を充実させる役目があります。後ろの文に加重がかかります。

　「おまけに」「加えて／かてて加えて」「さては」「さらに／さらには」「しかも」「そのうえ」「それに」などがあります。

れ

例示の接続詞

具体的な例やたとえを示して説明する

　説明する内容が難しい場合、よりわかりやすい事例やたとえを使って具体的にする際に用いる接続詞です。

　「たとえば」「例をあげれば」「具体的には」「事実」「実際」「現に」

などがあります。

例をあげれば

例示

類似する接続詞 ⇒ 「たとえば」を参照（138 ページ）

Column 3

接続詞の後に
「読点（、）」は必要か

〝接続詞の後ろに「読点（、）」を打ったほうがいいか〟という質問をよく受けます。これは主語の後ろに「読点（、）」を打ったほうがいいか、という質問と同様の意味合いが含まれています。

本書では多くの場合、接続詞を目立たせるために、その後に読点を打って説明しています。

しかし本来、読点の位置は接続詞などの品詞や、主語など文の成分に規定されるものではありません。

いったん、読点の役割についておさらいしてみようと思います。

まず、主語の後に打つ読点を見ていきたいと思います。

①私は、ジムでヨガをした。
②私はジムで、ヨガをした。

①は「ジムでヨガをしたのは私だ」という行動の主体を強調しています。

一方、②は「ヨガをしたのはどこか」という場所を強調しているのです。

つまり、それぞれ**読点には、その前のことばを強調する役割がある**のです。

言い換えると読点は、何を伝えるのかをわかりやすく伝える役割があるということです。

　それによって意味のかたまりを生み出すことになります。

　これによって、誤読を避けることも可能です。次の③と④の文を読んで、「僕の家に遊びに来た」人数を考えてください。

③佐藤君と、友達の鈴木君が、僕の家に遊びに来た。
④佐藤君と友達の、鈴木君が僕の家に遊びに来た。

　③は、「佐藤君と」と「友達の鈴木君が」の後に読点があるため、それぞれが一つの意味のかたまりを作っています。

　そのため、僕のうちに遊びに来たのは佐藤君と鈴木君の二人です。

　ただ、鈴木君が佐藤君の友達なのか、僕の友達なのかが明確ではありません。

　④の場合は、「佐藤君と友達の」の後に読点があります。

　ここで一つの意味のかたまりができています。

　そのため後に続く「鈴木君」が「佐藤君の友達」であることがわかります。遊びに来たのは鈴木君一人です。

　これは、鈴木君が佐藤君の友達だという解釈になります。

「読点は息継ぎの部分に打つ」という考え方もあります。

　しかし実際は、意味のかたまりではないところで息継ぎすることはありません。

・弁慶がなぎなたふるって……

174

という文を

・**弁慶がな、ぎなたをふるって……**

とは、読むことはありません。
「な」を間投詞として「弁慶がな、」という読み方はできますが、
その後の「ぎなたをふるって」の意味が通じません。
「なぎなた」という一つの単語を分割して読むことは基本的にあ
り得ないのです。それは息継ぎの問題ではないからです。

・**ここで、はきものを脱いでください。**
・**ここでは、きものを脱いでください。**

も同様です。やや遊びも踏まえての例になりますが、上は「履
き物」、下は「着物」になります。読点の位置で意味がかわって
くるのです。

新聞などで、次のような書き方を目にしたことはないでしょう
か。

・**岸田首相は3日、減税について国会で説明した。**

日付の後に読点が付いています。
通常この書き方だと「首相＝3日」という意味になります。「リ
ンゴは甘い」と同じ構造です。これは「リンゴ＝甘い」というこ
とです。

「首相は、3日、減税について説明した」が、普通の書き方です。ところが、新聞など記録を残すメディアでは、「いつ」という日付が重要になります。また、紙幅に限りのある紙面では、字数をできるだけ短くする必要があります。

　そのため、「3日」の後に読点を打って、日付を強調した書き方をしているのです。

　つまり、読点は意味のかたまりをつくる役割があるのです。

　以上を踏まえて、次の例を見てください。接続詞の後の読点に注目です。

例1
君の考えは理解できる。しかし、僕は君とは違う意見だ。
例2
君の考えは理解できる。しかし僕は、君とは違う意見だ。

【例1】は「しかし、僕は……」、【例2】は「しかし僕は、……」となっています。

【例1】の場合は「しかし」の後に読点があるので、「しかし」を強調しています。そのため「君の考え」と「僕の意見」の違いを明確に対比させる構図です。

「君の考えは理解できる」としながらも、対立姿勢を鮮明にする意図が強く表れています。

　一方、【例2】は「しかし僕は」の後に読点があります。そのため、「いろいろ意見はあるだろうが、その一つとして僕は君とは違う

意見を持っている」という、相対的な中での僕の意見を対比した
表現になっています。

「君の考えは理解できる」ことをいったん了解したうえで自らの
意見を述べていることになります。

　私は文を書くときには、一つの要素で一つの文を書くようにす
べきだと考えています。

　そのほうが、主語と述語の関係が明確になるからです。

　そのため、極力「で」「ので」「が」の接続助詞は使わないよう
にしています。

> 例3
> **夏は暑いので、水分をこまめに取らなくてはいけない。**
> 例4
> **夏は暑い。だから水分を、こまめに取らなくてはいけない。**
> 例5
> **夏は暑い。だから、水分をこまめに取らなくてはいけない。**

【例3】〜【例5】の内容は同じです。

「夏は暑い」＋「水分をこまめに取らなくてはいけない」という
二つの要素を、【例3】では「ので」という接続助詞を使い、【例4】、
【例5】では「だから」という接続詞を使って表現しています。

　【例3】は、二つの要素を接続助詞「ので」でつないでいるため、
一文が長くなっています。

「ので」の後の読点は、その前後で文の要素が異なるというサイ

ンになっています。読点が意味のかたまりを生み出しているからです。

　一文に二つの要素が連なっているため、後半の「水をこまめに取らなくてはいけない」という要素が、長い一文のなかで埋もれてしまいます。

　【例4】は「だから水分を、」という形で接続詞と読点を使っています。前半との対比を明確にしたうえで、「水分を」が強調されています。

　【例5】は「だから」の後に読点を打っているため、1文目と2文目を明確に対比しています。後半の要素を独立させ「水分をこまめに取らなくてはいけない」理由を際立たせています。

　全般的に、**接続詞には「前半と後半の要素を対比させる役割がある」**ということです。見てきたように、接続詞と読点がセットになっているわけではありません。
　読点の特徴をうまく利用して、文のどこを強調すべきかを考えればいいのです。

　接続詞の後ろに「読点」を打つべきかどうか、ではなく、あくまでも意味のかたまりをどうつくるかなのです。
　【例1】～【例5】の例で見たように、主語の後ろに読点を打つべきかどうかという疑問も、同様の考え方をすればいいのです。

第 4 章

「起承転結」を
つなぐ接続詞
1

「起承転結」をつなぐ接続詞フローチャート

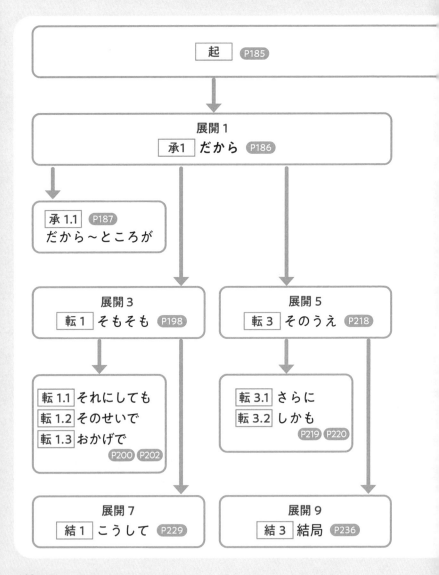

第 4、第 5 章では、接続詞で「起承転結」を展開する方法を見ていきます。
書き出しの「起」は、同じ文章です。そこから「だから」「しかし」
という接続詞で「承」をつなぎ、書き継いでいきます。その際の流れ
をフローチャートにまとめました。参考にしながら、お読みください。

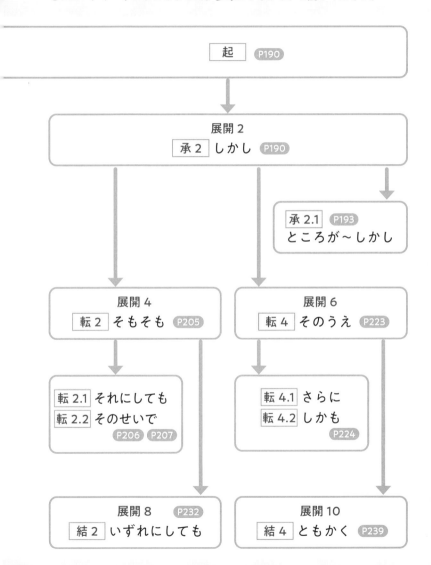

接続詞を使った
「起承転結」のつくり方

「起承転結」とは

「起承転結」ということばを聞いたことがあると思います。

ところがその使い方を知る機会はなかなかありません。

ここからは「起承転結」に沿って、文章を展開する際にどういう接続詞を使うとどういう効果がうまれ、どう文脈がつくられていくのかを見ていきたいと思います。

その前に「起承転結」のおさらいです。

「起承転結」は、中国唐代に完成した今体（近代）詩、絶句の構成法です。4句で一つの詩が構成されています。

その第1句のうたい起こしを「起」、それを承ける第2句を「承」、第3句の「転」で場面の転調をはかり、第4句の「結」で全体を締めくくるものです。

1句が5字のものを五言絶句、7字のものを七言絶句と言います。唐の孟浩然の「春暁」が、五言絶句の代表作です。

【起】春眠不覚暁	春眠暁を覚えず
【承】処処聞啼鳥	処処啼鳥を聞く
【転】夜来風雨声	夜来風雨の声
【結】花落知多少	花落つること知る多少

「起」で、夜が明けたのも気づかないような春のまったりとした

様子を描き、「承」でそれを受けて、鳥が鳴いている情景を書き加えています。

そして「転」で、こうした穏やかな状況から春の嵐を対比させ、場面を転換してみせます。

さらに「結」で春の嵐で散った花の様子を描いて、春の季節感をイメージさせているのです。

こうした展開を利用して文章を書いていこうというのです。

もともと韻文に使われた構成を散文にそのまま当てはめるには、無理があります。

とはいえ、「起承転結」を一種のテンプレートとして考えて、うまく利用することは可能です。

ここでは、「起承転結」に沿って文章を書く際に、接続詞を利用するとどういう変化が現れ、どういう効果を得られるのかを見ていこうと思います。

もちろん「起承転結」を使う際に、必ず接続詞を使わなくてはならない、ということではありません。

本書では接続詞の使い方を説明する目的で、「起承転結」を利用していこうと思います。

文章の展開と接続詞の関係を具体的に考えていきたいからです。

ま｜と｜め

①起承転結は一種の文章のテンプレート

②起承転結の文章を書く際に必ずしも接続詞を使用する必要はない

「起⇒承」順接の接続詞「だから」でつなぐ展開１

「だから」は書き手の想定通りの展開を導く順接の接続詞

　書き始めの【起】が同じでも、接続詞によってどんなふうに文章が展開できるのかを見て、その役割、使い方を見ていきます。

　まずは順接の接続詞「だから」から始めます。

　順接とは、起こった出来事から当然予測される順当な理由、原因などになっているものを言います。

> 1）しっかり準備をした。だからきょうのプレゼンは絶対うまくいく。
> 2）日が落ちれば夜になる。

　順接の表現を示しました。

　1）は最初の文に、書き手がプレゼンテーションのために、一生懸命頑張って準備をした、という事実が書かれています。

　それを根拠にして2文目に「きょうのプレゼンはうまくいく」という予測を立てているのです。

　これは、本人の強い願望の現れ、希望的観測です。その根拠は、当然予測される順当な理由があるからです。

　あくまで書き手の本人の主体的な思いです。

　2）は「日が落ちる」と「夜になる」という二つの要素を「ば」という接続助詞でつなげたものです。これも「日が落ちて夜になる」という自然の摂理を順当に引き継ぐものです。

・**風が吹け**ば**桶屋が儲かる。**

　この「ば」も同様です。強い風が吹けば巡り巡って桶屋が儲かる、ということわざです。
　話としてはかなり無理な根拠の積み重ねではあるのですが、それなりにその時点で選びうる根拠をつないでいるのです。
　以上を踏まえて、順接の接続詞「だから」を使って、起承転結の「承」を展開していこうと思います。

> 起
> **わが家にはライナスという名前の犬がいる。初めてわが家にやってきたとき、彼はピンクのタオルケットにくるまれていた。タオルケットを取ってリビングに置くと、すぐそこに行って丸まる。その姿は、チャールズ・M・シュルツが描いた漫画『ピーナッツ』に登場する、安心毛布を手放さないライナスのようだった。**

　【起】は「起承転結」の「起」です。ここでは、飼い犬にライナスという名前をつけたエピソードが書かれています。
　タオルケットに包まれてわが家にやってきた犬が、安心毛布を手放さない『ピーナッツ』の登場人物ライナスの姿と二重写しになった共通点を書いています。
　そして、ここから様々な接続詞をつかって、「承」を展開して

いこうと思います。まずは、順接の接続詞「だから」を使って「承」を書いていきます。

> **起**
>
> わが家にはライナスという名前の犬がいる。初めてわが家にやってきたとき、彼はピンクのタオルケットにくるまれていた。タオルケットを取ってリビングに置くと、すぐそこに行って丸まる。その姿は、チャールズ・M・シュルツが描いた漫画『ピーナッツ』に登場する、安心毛布を手放さないライナスのようだった。

> **承1**
>
> だから、とても甘えん坊だ。私の仕事部屋では、いつもお気に入りのタオルケットの上で寝転んでいるのだが、私が資料を探すために部屋を移動すると、後ろをついてくる。気になって立ち止まると、抱っこしてと後ろ足で立って、前足を私の足に掛けてひっかくような仕草をする。それを振り切ることができず、結局、抱っこしてしまう。私の腕に抱かれると、ライナスは安心したように目をつぶりフーッと小さくため息をつくのだ。「仕方ないなあ」。その姿を見ると、私は仕事の手をいっとき休めてしまうのだ。

「起」を受けて【承1】では、わが家にやってきたライナスが甘えん坊である様子が描かれます。

「だから」という順接の接続詞でつなぎました。「だから」という接続詞は、前の文章（ここでは「起」）の内容を順当に受けて、読み手にも予想のつく展開を導く働きがあります。

「だから」は主観・願望を伝える際に使える

「だから、とても甘えん坊だ」という1文は、「起」で提起された内容を補足する役目を担っています。

さらに「後をついてきて、抱っこしてほしい」という甘えん坊の具体的内容を、綴っていきます。抱っこされたライナスを見て、少し困ったなあと思う気持ちと仕方ないなあと思いながらも心安らぐ様子が描かれています。

接続詞「だから」から導かれる文は、書き手の主観が影響しています。話しことばのなかでも、

「だからいいんだ」「だから注意しろと言っただろう」

などの言い方は、話し手の経験や知識にひも付いた主観的な推測から導き出されたことばです。

たとえば、先の「承1」の後に順接の「だから」を使いながら、逆説的な表現も可能になります。

> 承1.1
> だから、とても甘えん坊なのだろうと思っていた。ところが、とても活発で、少しもじっとしていない。くるまっていたタオルケットも、1カ月ほどでボロボロにしてしまった。

この展開は1文目の順接の助動詞「だから」が、2文目に「ところが」という逆接の接続詞を導いています。

それは「とても甘えん坊なので、おとなしくて穏やかな犬だろう」という推測が働くからです。

この推測は**とても主観的な原因や理由**で、願望に近いとも言えます。

　それが裏切られたため「思っていた」という過去形で表現されています。

「だから」は、書き手の「主観」「願望」を因果にした推測・予想を表す順接なのです。

　そのため、その後の文章展開が、すべて予期した通りのベクトルに向かうとは限らないのです。

ま｜と｜め

① 「だから」は、予期される通りの結果を表現する

② ただし、その結果は主観・願望を因果とした推測が元になっている

③ そのため、その後の文章展開が予期したベクトルに向かうわけではない

「起⇒承」
逆接の接続詞
「しかし」でつなぐ展開2

「しかし」「ところが」は
書き手の想定をくつがえす逆接の接続詞

　逆接とは、ある事が起こるだろうという予測されることに対して、それとは異なる結果が生じることを言います。

> **1）1時間待った。しかし彼女は来なかった。**
> **2）3度目の挑戦だったが、決勝には進めなかった。**

　こうした類いが逆接の表現です。

　1）は、待ち合わせ時間に彼女は来るだろうと予測していたが、その時間には来なかった。それでもそのうち来るだろうと1時間待った。ところが結局来なかった、という状況です。

　予測していた状況とは異なる結果は「しかし」という**逆接の接続詞**が導いています。

　2）は、スポーツの大会を前提にしているのかもしれません。過去2回は決勝にいくことはできなかったことがわかります。

　それを踏まえて3度目の挑戦となっています。今度こそは決勝にいける、あるいは決勝にいきたいという予測や希望が前提になっています。ところが、残念ながら叶わなかったという内容です。

ここでは、その結果を「が」という**逆接の接続助詞**が導いているのです。

　前項の順接で使った「起」と同じ例文を利用して、逆接の接続詞「しかし」が、文章の展開の中でどういう役割を担っているのかを見ていきます。順接との展開の違いを確認していきましょう。

> 起
>
> わが家にはライナスという名前の犬がいる。初めてわが家にやってきたとき、彼はピンクのタオルケットにくるまれていた。タオルケットを取ってリビングに置くと、すぐそこに行って丸まる。その姿は、チャールズ・M・シュルツが描いた漫画『ピーナッツ』に登場する、安心毛布を手放さないライナスのようだった。

> 承2
>
> しかし、彼はピーナッツに登場するライナスとは違っていた。わが家に来たばかりの頃は環境が変わったせいか、不安になるとタオルケットに潜っていた。ところが1週間もすると、すっかりリラックスして家の中を散策し始めた。ソファーの下に潜り込んだり、自分の尻尾を追いかけてクルクル回ったり、おもちゃのぬいぐるみをくわえて振り回したりする。出窓のカーテンが風に揺れると、獲物を捕まえるかのようにカーテンに突進する。少しもジッとしていない。

　「起」の最後は「安心毛布を手放さないライナスのようだった」とあります。

　しかし、ここでは「ライナスの名前」に対する逆接ではありま

せん。名前に対する逆接なら、

> ・安心毛布を手放さないライナスのようだった。しかし「もっと簡単な名前がいい」と娘が言うので、ソラに変えることにした。

などのように展開します。ところがここでは、「起」に示された『ピーナッツ』のライナスと飼い犬の関係を追って話が進みます。

> ・ピンクのタオルケットにくるまれていた
> ・タオルケットをリビングに置くと、すぐそこに行って丸まる

書き手は、こうした状況を見て「安心毛布を手放さない『ピーナッツ』に登場するライナスのようだ」と思ったのです。

ギャップを生み出す接続詞

『ピーナッツ』に登場するライナスは、子どもですが知識が豊富で哲学的な発言をする一方、毛布を手放せない幼児性とのギャップが一つの魅力となっているキャラクターです。

書き手は家族になった犬に対して、「環境になかなかなじめず、タオルケットが離せない様子」を『ピーナッツ』のライナスのイメージと重ね合わせたのです。

そこからこの犬が「大人しく物静かな性格」に違いない、という書き手の思いが前提となっています。

ところが、書き手のイメージと犬の実際が異なっていたため、

> ・しかし、彼はピーナッツに登場するライナスとは違っていた。

と、逆接の接続詞「しかし」を文頭につけて、状況を説明しています。この後の、

> ・わが家に来たばかりの頃は環境が変わったせいか、不安になるとタオルケットに潜っていた。

は、飼い犬の状況を書きながらも、『ピーナッツ』のライナスにシンクロさせた書き手の深層意識の表れです。この一文の後に、

> ・ところが1週間もすると、

という状況の変化を示す話が続きます。
「ところが」も「しかし」と同様、書き手の予想と異なる状況を導く接続詞です。そして、以下のエピソードが加わります。

> ・ソファーの下に潜り込む
> ・自分の尻尾を追いかけてクルクル回る
> ・おもちゃのぬいぐるみをくわえて振り回す
> ・出窓のカーテンが風に揺れると、獲物を捕まえるかのようにカーテンに突進する

子犬の行動としてごく普通に見られることかもしれません。
しかし書き手が最初にイメージしたこととのギャップが「とこ

ろが」の後に、具体的な話として表現されているのです。

逆接の接続詞を使い分ける

「逆接」というと、ある事柄に対立する事象、つまり A ≠ B という否定をイメージします。

ところが、そこには事柄に対する書き手の意識のギャップが大きく働いています。

【承2】で使った「しかし」と「ところが」は、ともにこうしたギャップを誘導する接続詞です。

そのため、「しかし」と「ところが」を入れ替えても大きく違いはないはずです。【承2】の当該箇所を入れ替えてみます。

> 承2.1
> ところが、彼はピーナッツに登場するライナスとは違っていた。わが家に来たばかりの頃は環境が変わったせいか、不安になるとタオルケットに潜っていた。しかし1週間もすると、すっかりリラックスして家の中を散策し始めた。

この部分だけを取り出すと、入れ替えても問題はないように思えます。ところが、書き手の意識は少し違うのです。それは「しかし」と「ところが」の微妙な違いによります。もう一度【承2】を見てみます。

> 承2
> しかし、彼はピーナッツに登場するライナスとは違っていた。わが家に来たばかりの頃は環境が変わったせいか、不

安になるとタオルケットに潜っていた。ところが1週間もすると、すっかりリラックスして家の中を散策し始めた。

「しかし」は、前提としているものに対して「そうではあるが」という意識が働く時に使われます。いったん前提を断ち切って、実態を記すのです。

【起】の「安心毛布を手放さないライナスのようだった」という前提に対して、【承2】の書き始めで「そうではあるが、実態は違う」という意識なのです。
　そのため、かなりきっぱりとした表現になります。

「ところが」は「（ある状況が続き）〜したのに」という心理が働くのです。
　【承2】では、「わが家に来たばかりの頃は環境が変わったせいか、不安になるとタオルケットに潜っていた」という状況がしばらく続いて「おとなしくしていたのに」という心理が、書き手にあるのです。そのため前提を引きずった形での不本意を表現しているのです。

「しかし」も「ところが」も逆接の接続詞です。
　「予測される内容と結果の違い」を現す点では、同じなのですが「予測される内容」に対する意識や心理が異なるのです。

ま｜と｜め

①逆接の接続詞「しかし」「ところが」は、予想を裏切る
　結果を導く

②「しかし」は、ある事に対して「そうではあるが」とい
　う意識が働く

③「ところが」は「〜したのに」という心理が働く

「承⇒転」
転換の接続詞でつなぐ
順接からの展開3

「そもそも」「それにしても」は
根本に立ち戻り、流れを転換させる接続詞

文章はシームレスに流れをつくっているわけではありません。

第2、第3章で見たように「しかし」「ところが」という逆接で文章を逆向きの視点で表すことができます。それは論理の展開のなかで利用されることが多いかもしれません。

ところが、時間の流れをさかのぼって過去の状況がどういまに結びついているのか、を展開させる接続詞があります。

それが「そもそも」「それにしても」という接続詞です。過去を回想して根本に立ち戻り、流れを変えることができます。

こうした接続詞を使うと「起」⇒「承」の流れから「転」に持っていくときに、それまでの展開とは異なる視点で場面展開ができます。

起承転結の「転」は「展」でもあります。それは視点の転換であり、新たな場面の展開でもあるのです。

1) 今回の企画がつまずいたのは、事前の詰めが弱かったからだ。そもそも、顧客層を見誤りそれに気づかなかったことが問題だ。

**2）予想外のゲーム展開に、監督も驚きを隠せなかった。そ
れにしても、投打にわたる彼の活躍が大きかった。**

　ある結果が出たことを評して、その原因となった出来事を書き
加えています。それを導いているのが「そもそも」「それにしても」
という接続詞です。

　1）は、立てた企画が思うようにいかなかったことを踏まえて
その原因を探っています。さまざまな意見が出たあと、根本にあ
る問題点を「顧客層を見誤りそれに気づかなかった」と総括して
いることがわかります。
　「そもそも」は「そもそも論」などのことばもあるように、過去
をさかのぼって議論する際に使われることが多いかもしれませ
ん。

　2）は、監督が予想していた試合展開より、遙かに好結果を出
したことに驚き、評価しています。その原動力となった選手の評
価です。
　試合中の出来事は、ここでは過去の話です。「それにしても」
という接続詞を使って過去を誘導し、改めてその功績を称えてい
るのです。

　以上を踏まえて、186 ページで【起】から順接「だから」を使っ
た【承 1】の続きを書いてみます。
　接続詞「そもそも」を使って【転】を展開します。

わが家にはライナスという名前の犬がいる。初めてわが家にやってきたとき、彼はピンクのタオルケットにくるまれていた。タオルケットを取ってリビングに置くと、すぐそこに行って丸まる。その姿は、チャールズ・M・シュルツが描いた漫画『ピーナッツ』に登場する、安心毛布を手放さないライナスのようだった。

承1

だから、とても甘えん坊だ。私の仕事部屋では、いつもお気に入りのタオルケットの上で寝転んでいるのだが、私が資料を探すために部屋を移動すると、後ろをついてくる。気になって立ち止まると、抱っこしてと後ろ足で立って、前足を私の足に掛けてひっかくような仕草をする。それを振り切ることができず、結局、抱っこしてしまう。私の腕に抱かれると、ライナスは安心したように目をつぶりフーッと小さくため息をつくのだ。「仕方ないなあ」。その姿を見ると、私は仕事の手をいっとき休めてしまうのだ。

転1

そもそも、私が犬を飼おうと思ったのは、リモートワークが増えて人と直接会う機会が少なくなったからだ。自分で時間を管理できるというメリットはあるのだが、四六時中仕事のことが頭を離れない。飲みながらたわいのない話をすることもなくなった。自由を得たはずなのに、次第にその自由に翻弄されているような気がしてきた。
そんなときに近所を散歩していると、偶然ペットショップに

差し掛かった。すると中から私を見ている犬の視線を感じたのだ。店内に入ってその犬に聞いた。「うちに来るかい？」。すると「連れて帰って」という声が聞こえたのだ。

【承 1】では「だから」という順接で話が進みました。

そこではライナスの甘えん坊ぶりと、それに困惑しながらも楽しんでいる筆者の様子が描かれています。

【転 1】では、ライナスが筆者の家に来ることになった、いきさつや理由が書かれています。

【起】では、ライナスの名付けの由来は書かれていましたが、いきさつまでは明かされていませんでした。

【承 1】の最後に、「仕方がないなあ」と言いつつ「仕事の手をいっとき休めてしまう」という話が書かれています。

こうした内容がなぜ書かれたのか。その謎解きが【転 1】です。それを誘導するのが接続詞「そもそも」です。

これによって、少し過去に時間が戻ります。リモートワークで時間が自由になった半面、人との関わりが少なくなり気軽に話をする機会が減ったこと、それによってかえって生活が仕事に絡め取られてしまった。そうしたエピソードが書かれています。

そんな時に偶然、ペットショップで出会った犬が、ライナスだったと記されています。

【起】と【承 1】では、順当な流れで描かれています。

ところがそこには、筆者の内心の葛藤があったことがわかります。これまでの流れにギャップをもたらし、新たな展開をもたら

すのです。

どこに文章の焦点を当てるかで 接続詞を使い分ける

次に接続詞「それにしても」を使って【転】を展開してみましょう。【起】と【承1】はそのまま採用します。

転 1.1

それにしても、何という愛くるしい寝顔なのだろう。時にソファーの座面をひっかいたり壁紙を破いたりするのだけれど、腕の中で安心しきって、軽くいびきを立てている姿を見ると、そんな小さないたずらも許せてしまう。多分、いまの私にはこうした安らぎが必要だったのだと思う。大号令のもと、みんなが何かに追われながらも、一つのことを成し遂げる達成感を味わってきた会社生活だった。リモートワークやオンラインの会議・打ち合わせなどということは、予想外の展開だった。仕事は人と人が顔を付き合わせてするものだ、という価値観があっさりと崩された。額に汗してという感覚も、もはや通用しない。しかし、一人パソコンをにらんでいる生活は、次第に私からことばを奪った。足元がグズグズと沈んでいった。そんな時にこのライナスがやってきたのだ。

「それにしても」という接続詞が、それまでの予想を遙かに超えた愛くるしさを伝える引き金となっています。安心しきった寝顔を見ていると、多少のいたずらは許してしまう。

その背景には、リモートワークがあったのです。

これまでの社会人生活とのギャップ。この心の隙間を埋めてくれたのがライナスだった、という展開です。

【転1】もリモートワークの課題を挙げていますが、【転1.1】とは視点が違っています。

【転1】はライナスとの出会いを中心に、【転1.1】は会社員生活の価値観が大きくずれたことを中心に書かれています。

【転1】の「そもそも」という接続詞は、過去をさかのぼって議論する意味合いが強いからです。

そのため「私が犬を飼おうと思ったのは」という過去の出来事を引き出すためのファンクションとして機能しているのです。

一方、【転1.1】の「それにしても」は、「予想していたものより、遙かに好結果を出した」という感覚が強く働くからです。そのため、「何という愛くるしい寝顔なのだろう」というライナスの表情に焦点を当てる機能を果たしているのです。

原因となった過去の出来事から、次の話題に移行させる接続詞の仲間であっても、**何を書くか、どこに焦点を当てどう展開させていくかによって、接続詞は変わってきます。**

好ましい結果をつなぐ接続詞

次に、【転】の書き出しに因果（理由・原因）の接続詞「そのせいで」や「おかげで」で展開するパターンも見ていきましょう。

転1.2
そのせいで、仕事が予定より遅れてしまうことがある。上司からは「またライナスとまったりしてたんだろ」と笑われる。上司も犬好きなので、気持ちがわかるのだと言う。これもリモート作業ならではの特権かもしれない。

「そのせいで」という接続詞は、前の内容（【承1】）を受けて、それによる結果を導いています。

　一般的には、悪い結果の場合に使います。この場合は、「そのせいで仕事が予定より遅れてしまう」ということになります。

　【転1】の展開と異なり、ストレートに流れていることがわかると思います。

転1.3
おかげで、わが家の雰囲気がとても柔らかくなった気がする。小さな犬の仕草にいつしか心和んでしまう。常に競争に明け暮れている会社人生に、微笑むゆとりをもたらしてくれたのだった。

「おかげで」の場合も、前の内容を受けて結果を導きます。

　しかし「そのせいで」とは異なり、好ましい結果を導くのが一般的です。この場合は「わが家の雰囲気がとても柔らかくなった気がする」というプラスの結果です。

「おかげで」は、逆説的に好ましくない場合にも用いますが、皮肉っぽさも加味されます。

・いつも応援していただきありがとうございます。**おかげで**優勝することができました。

・きのうはごちそうさまでした。**おかげで**会社に遅刻してしまいました。

上の例は、スポーツのシーンなどでよく使われる表現です。

優勝が、ファンの応援によるものだという感謝について述べているものです。

一方、下の例は、上司か先輩に対して「ごちそうさまでした」と言いつつ、それによって会社に遅刻したというマイナスの原因としています。

良好な関係を持っている場合には、後輩として甘えた表現になりますが、取引先に使うと信頼関係を失うかもしれないので、注意してください。

ま｜と｜め

① 「そもそも」「それにしても」は根本に立ち戻り、流れを転換させる役割がある

② 「そのせいで」「おかげで」は、前に書かれたことが原因で生じた結果を導く

③ 文章のどこに焦点を当てるかで接続詞を変える

「承⇒転」
転換の接続詞でつなぐ
逆接からの展開 4

> ### 「そもそも」 は根本的な考え方が
> ### 引き出される接続詞

　次に、190 ページで【起】から逆接「しかし」を使った【承 2】の続きを書いてみます。接続詞は、同じく「そもそも」を使います。

起

わが家にはライナスという名前の犬がいる。初めてわが家にやってきたとき、彼はピンクのタオルケットにくるまれていた。タオルケットを取ってリビングに置くと、すぐそこに行って丸まる。その姿は、チャールズ・M・シュルツが描いた漫画『ピーナッツ』に登場する、安心毛布を手放さないライナスのようだった。

承 2

しかし、彼はピーナッツに登場するライナスとは違っていた。わが家に来たばかりの頃は環境が変わったせいか、不安になるとタオルケットに潜っていた。ところが 1 週間もすると、すっかりリラックスして家の中を散策し始めた。ソファーの下に潜り込んだり、自分の尻尾を追いかけてクルクル回ったり、おもちゃのぬいぐるみをくわえて振り回したりする。出窓のカーテンが風に揺れると、獲物を捕まえ

るかのようにカーテンに突進する。少しもジッとしていない。

> **転2**
> そもそも、僕は犬を飼うことには反対していたのだ。確かに、可愛く愛おしい存在なのだが、妻も僕も仕事をしている。妻は在宅が多いとはいえ、打ち合わせで家を空けなくてはならないこともある。僕も仕事で留守にすることが多い。2人とも外出する時にライナスだけを家において出かけるのは、何とも気が重い。ケージの中に1匹だけで留守番させると、寂しがるだろうし運動不足にもなるだろう。かといってその度に、ペットホテルに預けるのも忍びない。ライナスにもストレスがかかる。「なんとかなる。昔飼っていた犬も留守番させていたから」と妻は言うのだが……。いまは、何とか2人の仕事をやり繰りしてライナスに寂しい思いをさせてはいない。しかし今後、外の仕事が増えると、ライナスには1匹で留守番をしてもらわなくてはならない。大丈夫だろうかと不安になる。

【承2】は逆接の接続詞「しかし」で展開しました。

　そこには、ライナスがことのほか元気で、少しもジッとしていないことが書かれていました。

　そこには、**筆者の考えていたイメージとは異なっている実態が描かれています**。

「そもそも」で受けた【転2】では、ライナスへの戸惑いについて、筆者が元々、犬を飼うことについて否定的だったという気持ちが暴露されています。そこには当人の戸惑いと共に、1匹だけで取

り残されるライナスへの気遣いも書かれています。

「そもそも」という接続詞を使うことで、過去の考え方が引き出されることがわかるのではないでしょうか。【転1】と同じ接続詞を使っても、展開は異なります。

さらに、「それにしても」という接続詞を使って【承2】から「転」につないでみます。

転 2.1

それにしても、犬のパワーは想像以上だった。片腕に収まるほど小さいライナスが、動き回り飛び跳ねる姿を見ていると、僕にも生きる力が湧いてくるようだ。僕たちは、生きる意味を見いだそうとするけれど、ライナスは生きることそのものに意味があるのだと言っているようだ。仕事や人間関係など、社会の煩わしさに絡め取られていた自分自身が、ライナスよりも小さな存在に思えてくる。犬を飼うことは、責任も伴うし手間が掛かることはわかっていた。犬が癒やしになるといった期待を持っていたわけでもない。しかし、こうしてライナスを見ていると、なぜか顔が緩み肩の力が抜けてくる。何よりも、ライナスをしっかり育てようというこれまでにない心持ちが芽生えたことに、驚くのだった。

ここでも、「それにしても」という接続詞が、ライナスへの思いが予想を超えていた状況を導いています。

元気に遊ぶ様子を見て、そのパワーと筆者の「生きる」ことへの考え方が変化した様子が描かれています。

ちなみに「それにしても」は話題を転換するときにも使われます。

・**それにしても**暑いですねえ。

　といった具合です。話ことばでは、一通りのあいさつを終えた
後に、よく使われます。

「おかげで」は 好ましくない場合にも使える

　「そのせいで」という接続詞の例も見てみましょう。

転 2.2

そのせいで、カーテンの裾はボロボロに破け、ソファーに
掛けていたラグを引きずり下ろしてその上におしっこをし
て台無しにする。まったく、どれだけ元気が余っているのか。
大事なものはライナスが届かないところにしまっておかな
いと、ボロボロにされてしまうかもしれない。**おかげで**、部
屋が片付いていいのだが、どこからあんなパワーが出てくる
のか、不思議でならない。友達は、しっかりしつけないと駄
目だというのだが、いたずらをした後の得意げなライナスの
顔を見ていると、怒る気もしない。「ま、いいか」と思えて
しまうのだ。自分の生活スペースを崩されるのが許せなかっ
た僕だが、ライナスは許せてしまう。

　「そのせいで」という接続詞は、一般的にあまりよくない結果を
導きます。
　この場合は「カーテンの裾はボロボロに破け、ソファーに掛け
ていたラグを引きずり下ろしてその上におしっこをして台無し

にする」という具合です。

　ところが、それを憎めず許してしまうという筆者の心情が描かれています。

　逆接の接続詞を使った【承2】では、予想に反してマイナスの要素が強調された展開になっています。

　そのため、一般的に好ましい結果を導く「おかげで」という接続詞は、この場合使いづらいかもしれません。逆説的に好ましくない場合にも使った場合は、

・**おかげで、泥棒に入られたように家中が滅茶苦茶になってしまった。**

という具合に、やや自虐的な表現になります。

　順接で展開した【承1】と逆接で展開した【承2】について、過去をさかのぼる形の接続詞「そもそも」「それにしても」や、好ましくない状況を導く「そのせいで」を使って、それぞれ「転」を書いてみました。

　「転」は「承」の内容を補足するものであったり、新しい展開を生み出したりします。

　そのため、接続詞の違いによって内容の広がりが異なることが理解できるのではないでしょうか。

ま｜と｜め

① 「そもそも」は、過去をさかのぼって議論する意味合い
　が強い

② 「それにしても」は、予想を遙かに超えていることを導く

③ 「そのせいで」は、一般的に、悪い結果の場合に使う

④ 「おかげで」は、好ましい結果を導く。また逆説的に用
　いると皮肉めいた感覚になる

Column 4

「このように」と「そのように」

　結論を導く接続詞に「このように」があります。

　順序の接続詞でも説明したように、「まず」「初めに」から始まって「次に」「さらに」でつなぎ、「このように」と結論につなげるのです。

　ところが「このように」を「そのように」とすることはありません。「こ」と「そ」の違いだけなのですが、この理由について、考えてみたいと思います。

　また、接続詞には「そうかといって」「そうはいっても」「そうしたところで」「そうすれば」「そうだとしても」「そこで」など、「そ」から始まる接続詞が多いことに気づきます。

　本書では、接続詞を用途別ではなく五十音順に並べたので、比較するとわかると思います。

　そこで、「このように」と「そのように」の役割の違いについて、「こそあど」ことばを基に考えてみます。「こそあど」は、代名詞・副詞・連体詞などの中の、指示の機能をもつ語やその体系のことを言います。例をあげると、これらに当たります。

代名詞：これ・それ・あれ・どれ

形容動詞：こんな・そんな・あんな・どんな
副詞：こう・そう・ああ・どう
連体詞：この・その・あの・どの

　これらの語の始まりをとって「こそあど」と呼びます。
　そして、それぞれ共通した機能があります。

「こ」系が近称を、「そ」系が中称を、「あ」系が遠称を、「ど」系が不定称を表すのです。

　近称、中称、遠称は、話し手や聞き手から見た物理的・心理的な距離を表します。「近・中・遠」の順に距離が遠のきます。

　不定称は、話し手からも聞き手からも、その距離が遠いということです。

　しかも単に距離が問題なのではありません。

　「こ」系の場合、「この花」と言えば、話し手が影響を及ぼす空間にあることを示します。

　「そ」系は、聞き手（相手側）の影響が及ぶ空間にあることを指し示しています。そのため、聞き手が影響を及ぼす空間にある花なら「その花」となります。

　「あの花」は、話し手・聞き手双方が影響を及ぼさない空間にあることを示しています。

　こうした概念を心理学者で言語学者の佐久間鼎が「〈こそあど〉の体系」と呼びました。

①その人は誰だ。

②その調子で勉強してください。

　①の「その人」は、空間的・心理的に、そう聞かれた人に近い人物を指しています。②の「その調子」は、それを聞いている人が直面している状況を指しています。これを、

③この人は誰だ。
④この調子で勉強してください。

　とすると、③は「この」が空間的・心理的に話し手に近い人物であることがわかります。
　④は、話し手が話題として取り上げている事物や人を指しています。

⑤あの人は誰だ。
⑥あの調子で勉強してください。

　この場合だと⑤は、話し手からも聞き手からも影響しない空間にいる人物を指しています。
　⑥では、第三者を指しているようでもあります。
「こそあど」が含まれた接続詞も、空間的・心理的要素を含んでいると考えられます。

縄文時代の人々は、木の実や山菜、キノコなどのほか、狩りをして野ウサギやイノシシ、海や川で捕まえた魚や貝類などを食べていました。このように、自然の恵みを背景に

　　食生活は比較的豊かだったといえます。

　「このように」とすれば、「この」が話し手に近い内容であることを示唆しています。

　つまり、持論を展開した後にそれらを受けて「このように」と結論を導く作用が生まれるのです。

　この場合、「このように」を「そのように」とすることはできません。話し手の影響にある話題ではなくなるからです。

　　「材料費が高騰して、人件費や固定費の削減を試みてきた。それでもやはり値上げしないと採算が取れない」。そのように、飲食業の店主は話した。

　「材料費が高騰して……」という話は、話し手（店主）の内容です。「そのように」で受けると、話の内容が聞き手（取材者）側の情報として語られることになります。

　そのため、話し手から聞き手の影響下に移動するため、客観的な情報として伝えることができます。

　　「材料費が高騰して、人件費や固定費の削減を試みてきた。それでもやはり値上げしないと採算が取れない」。このように、飲食業の店主は話した。

　とすると、話を聞いた側は、話をした側の影響を受ける形になり、店主への距離が近くなり共感が生まれます。

接続詞に「そ」から始まるものが多いのは、聞き手側と話し手側の距離を取り、客観的な発言を導く役割が持てるからだと言えます。

「これに対して」と「それに対して」の項の例（61ページ）をとって考えてみます。

> ①昔の防寒服は、ダウンでパンパンに膨らんでいた。**これに対して、今は新素材が開発され、薄くて動きやすくなった。**
>
> ②昔の防寒服は、ダウンでパンパンに膨らんでいた。**それに対して、今は新素材が開発され、薄くて動きやすくなった。**

この場合、①でも②でも文章としては成立します。

しかし、これを読んだ場合の印象は異なります。

「これに対して」を使った①は、ダウンでパンパンに膨らんでいた防寒服と、新素材でできた最近のものが、話し手の手に届くところにある印象になります。

双方が近く、話し手の意識が強くなる印象です。

一方②の「それに対して」は、昔の防寒服の情報を聞き手側として理解して、その対比として客観的に距離を置いた形になっているのです。

「こ」系と「そ」系の心理的・空間的な距離を理解して接続詞を使うと、どのように伝えるべきか、の判断ができるようになります。

第 5 章

「起承転結」を
つなぐ接続詞
2

「承⇒転」 累加の接続詞でつなぐ
順接からの展開 5

「そのうえ」「さらに」「しかも」は
内容を追加、補強して文章に厚みをもたらす接続詞

　一つの事例や内容では、エピソードの厚みが出ない場合があります。

　その際、内容を追加したり補強したりする必要があります。

　そのときに便利な接続詞が「そのうえ」「さらに」「しかも」です。

　内容を加える「累加」の役目を果たすこれらは、起承転結の「承」から「転」に導くときに有効です。

　「承」の内容をさらに広げたり補足したりして、文章に厚みを出すことができるからです。

> 1) 脂っこい食べ物が大好きだ。そのうえスイーツにも目がない。
>
> 2) 1次リーグは突破した。さらに決勝リーグで8強を目指して頑張ろう。
>
> 3) さんざん待たせておいて、しかも謝罪の一言もない。

　1)は、脂っこい食べ物が大好きだ、という内容に加えて、スイーツにも目がない、という内容を重ねています。

　前半に書かれている内容を受けて「それだけではなく」と、さ

らに同様の事柄を追加するために「そのうえ」という接続詞を
使っています。

　漢字を当てると「其の上」です。あるものに何かを重ねる、と
いう感じがわかるかと思います。

　２）は、スポーツの大会での話でしょうか。前半を受けて、後
半でその程度や段階を進ませる役目を担うのが「さらに」という
接続詞です。

　ここでは「１次リーグは突破した」前半を受けて、「決勝リー
グで８勝を目指そう」という次の段階に対する意気込みを付け加
えています。前後半をつなげて、内容を書き加える役目を担って
います。

　３）「しかも」は、漢字では「然も／而も」と書きます。

　漢文の訓読する際に、「然」「而」「爾」を「しかも」としたこ
とに由来する接続詞です。先に書かれた事柄を受けて、後続の事
柄を付け加える役目があります。
「それに加えて」「それでもなお」という意味を持っています。

　この場合、「さんざん待たせておいた」ということに対して、「謝
罪の一言もない」という展開を導く役割を「しかも」が果たして
います。

　では、第４章の【承１】の後を、累加の接続詞「そのうえ」を
用いてつなぎます。文章の中で担う役割を確認していきたいと思
います。

　198ページで接続詞「そもそも」を使って展開した【転１】と
の違いを確認してください。

わが家にはライナスという名前の犬がいる。初めてわが家にやってきたとき、彼はピンクのタオルケットにくるまれていた。タオルケットを取ってリビングに置くと、すぐそこに行って丸まる。その姿は、チャールズ・M・シュルツが描いた漫画『ピーナッツ』に登場する、安心毛布を手放さないライナスのようだった。

だから、とても甘えん坊だ。私の仕事部屋では、いつもお気に入りのタオルケットの上で寝転んでいるのだが、私が資料を探すために部屋を移動すると、後ろをついてくる。気になって立ち止まると、抱っこしてと後ろ足で立って、前足を私の足に掛けてひっかくような仕草をする。それを振り切ることができず、結局、抱っこしてしまう。私の腕に抱かれると、ライナスは安心したように目をつぶりフーッと小さくため息をつくのだ。「仕方ないなあ」。その姿を見ると、私は仕事の手をいっとき休めてしまうのだ。

そのうえホカホカと温かく、柔らかい。ソファーでライナスの頭をなでているうちに、うとうとしてしまうこともしばしばある。いっときのつもりが、あっという間に小一時間経ってしまう。「あー、いけない」。慌てて仕事を再開しようと、ライナスをケージに入れる。いままで抱いていた腕のぬくもりとライナスの重さがすっと消える。この瞬間がなんとも切ない。「クーン」と悲しげな鳴き声を上げる。私は後ろ髪引

かれる思いで、仕事部屋に戻る。仕事に戻るものの集中力が戻るまでには、少し時間が掛かってしまう。私は保温ポットに入ったコーヒーを飲んで、パソコンに向かった。しかし、ライナスの鳴き声は続いている。

【承1】は順接の接続詞「だから」を利用して、ライナスが甘えてくる様子を書いていました。

【転3】ではそれを受けて、続きのエピソードを加えています。
　ライナスの温かさと毛並みの柔らかさが、気づくと筆者の眠りを誘っていたエピソードが加わりました。
　そこには、ライナスをかまっていたい気持ちと、仕事をおろそかにできない筆者の心のせめぎ合いが描かれています。

「承」から「転」に移るときに、同じ方向の話を基にしながら異なるエピソードを紹介して、話に厚みを出すことがあります。
　その際に累加の接続詞「そのうえ」などを使って、話を展開させることができます。まさに「転」は「展」でもあるのです。

「さらに」「しかも」は 読み手の思いが深まる接続詞

　次に【転3】で使った「そのうえ」を「さらに」に変えて書いてみます。

転 3.1
さらに、時々私の様子を窺うように見上げるライナスの瞳

> を見ると、何でも許せてしまうのだ。仕事をしなくてはならないという気持ちと、ホカホカと温かいライナスの体温と心地よい重さをもうしばらく味わっていたいという気持ちがせめぎ合う。

こんな具合に文章を続けることができます。

「さらに」という接続詞は、前の内容を受けて、その程度・段階を進めるように文をつなぐ役目があります。

【転3.1】では、【承1】の、

> 私の腕に抱かれると、ライナスは安心したように目をつぶりフーッと小さくため息をつくのだ。「仕方ないなあ」。その姿を見ると、私は仕事の手をいっとき休めてしまうのだ。

という内容を受けて、腕に抱かれて寝ているライナスの様子が書き加えられています。

「様子を窺うように見上げる」という視点を加えたため、**一層、書き手の思いの程度が深まる効果**があります。

同様に、「しかも」という接続詞を使って【承1】をつないでみます。

転3.2

> **しかも**、きょうが閉め切りではないので、仕事を急ぐ必要もない。少しゆっくりライナスと過ごす時間をつくってもいいか、と自分に言い聞かせる。いつも閉め切りに追われていると、やはりこうした時間も必要なのだと思う。

　接続詞「しかも」は、前に書かれている事柄について、さらにそれを補強する事柄を付け加える役目があります。
　ここでは、【承 1】の、

> 「仕方ないなあ」。その姿を見ると、私は仕事の手をいっとき休めてしまうのだ。

という部分を受けて、「仕事の閉め切りに追われている」筆者の状況を書き足しています。
　それによって、仕事の手をいっとき休める理由を肯定する要因を重ねているのです。

ま｜と｜め

① 「そのうえ」「さらに」「しかも」は、内容を追加するだけでなく、思いを際立たせる効果がある

② 「さらに」「しかも」は「そのうえ」よりも一層、書き手の思いの程度が深まる

「承⇒転」
累加の接続詞でつなぐ
逆接からの展開6

190ページでは、逆接の接続詞「しかし」を使った【承2】を紹介しました。

この後の展開も「累加」の接続詞「そのうえ」を使って「転」を書いていきます。

起

わが家にはライナスという名前の犬がいる。初めてわが家にやってきたとき、彼はピンクのタオルケットにくるまれていた。タオルケットを取ってリビングに置くと、すぐそこに行って丸まる。その姿は、チャールズ・M・シュルツが描いた漫画『ピーナッツ』に登場する、安心毛布を手放さないライナスのようだった。

承2

しかし、彼はピーナッツに登場するライナスとは違っていた。わが家に来たばかりの頃は環境が変わったせいか、不安になるとタオルケットに潜っていた。ところが1週間もすると、すっかりリラックスして家の中を散策し始めた。ソファーの下に潜り込んだり、自分の尻尾を追いかけてクル

クル回ったり、おもちゃのぬいぐるみをくわえて振り回したりする。出窓のカーテンが風に揺れると、獲物を捕まえるかのようにカーテンに突進する。少しもジッとしていない。

転4

そのうえ、力も強くなり散歩に行くとリードを自分で咥えて、ぐいぐい私を引っ張る。生後6カ月を過ぎるころになると、散歩が楽しいらしくなかなか帰ろうとしない。小型犬なので、30分も散歩をすればじゅうぶんだと思っていたのだ。ところが1時間以上、ひたすら歩く。面白いことに、途中で用をたすことがない。道端の植え込みの匂いを嗅ぐことはあるのだが、そこにマーキングすることはしない。途中、水を飲ませるときに小休止をするほかは、ただひたすら黙々と歩くのだ。散歩の最後は、家に続く上り坂をダッシュする。小さい体のどこにそんな体力があるのか、と不思議になる。

【承2】では、おとなしいと思っていた筆者の予想に反し、活発なライナスの様子が描かれました。

【転4】では【転3】と同様、累加の接続詞「そのうえ」を使って、話を展開しました。

ここでは、生後6カ月にまで話が飛びます。

小型犬なのに体力のある様子が、散歩を軸に表現されています。「30分も散歩をすればじゅうぶんだと思っていた」が、「1時間以上、ただひたすら歩く」というストイック？な散歩の様子が描かれています。

ここでも、筆者の予想を超えるライナスの姿が際立ちます。

「そのうえ」という接続詞が、ここでも新たなエピソードを加え

る引き金となっています。

接続詞を変えるとエピソードも変わる

【転4】は、「そのうえ」の代わりに「さらに」や「しかも」を使っても同様の文章をつくることができます。

違う視点を加えるという意味で「さらに」と「しかも」を使って【承2】の続きを書いてみます。

> ### 転4.1
> さらに、体もがっしりして、食欲も旺盛、鳴き声も大きい。トイプードルはもっと華奢だと思っていたのだが、どんどん予想を覆してくれる。家にやってきた当初からは、想像がつかない。どうやらライナスは、トイプードルの中でも規格外なのかもしれない。

> ### 転4.2
> しかも、散歩に行くと自分より大きな犬に向かって吠える。明らかに自分より弱そうだと思う小さな犬には反応しない。大きな犬からはほとんど相手にされないのだが、たまにガツンと一喝されることがある。それでもめげず前足を踏ん張って胸を張っている。「喧嘩上等」とでも言わんばかりなのだ。

【承2】では、ライナスが家に来たばかりのか弱い感じから、予想外に活発になった状況に驚くさまが書かれていました。

その状況をさらに補強するエピソードを「そのうえ」「さらに」「しかも」という接続詞を使って書きました。

「そのうえ」には、前に書かれたことに劣らず重要な事柄があることを導きます。「それだけではなく」という意味が含まれています。

「さらに」には、前に書かれたことに加えて、別の事柄があることを示唆します。

「しかも」は、さらに詳しい内容を伝える役目があり「それに加えて」「それでもなお」という感覚が加わります。

同じ「累加」のグループに入る接続詞も、それが持つ感覚は少しずつ異なっています。

エピソードの書き方は、様々です。接続詞を変えると、また異なるエピソードを引き出すことができます。

接続詞は単に文章をつなぐだけのものではなく、次の内容を導く水先案内の役目もあるのです。

> ## ま | と | め
>
> ①累加の接続詞「そのうえ」「さらに」「しかも」は、前の話を受けて内容を追加したり補強したりできる
>
> ②「そのうえ」は、前半に書かれている内容を受けて「それだけではなく」という感覚を引き出し、後半につなげる
>
> ③「さらに」は、前の事に加えて、別の事柄があることを示す
>
> ④「しかも」は、「それに加えて」「それでもなお」という感覚が加わる

「転⇒結」
着地に導く接続詞でつなぐ
順接からの展開7

> 「こうして」「いずれにしても」「結局」
> 「とにかく」 は結論を導く接続詞

「こうして」「結局」「いずれにしても」「とにかく」という接続詞は、文章の流れを集約して結論に持っていく役目があります。
　例を見ていきましょう。

1) 激減した魚を復活させるために森を育てた。こうして、海が再生した。
2) 作品がヒットするかどうかは時の運だ。いずれにしても、私は描き続けたいのだ。
3) 議論百出の企画会議だった。結局、社長の判断で中止となった。
4) 人がどう評価するかは問題ではない。とにかく、自分を信じて進むことが肝要だ。

　ここにあげたのは、結論を導く接続詞です。
　1) は、激減した魚を復活させる目的で森を育てたとあります。「こうして」は、それまでのストーリーを引き受けて結論に導きます。
　この例は短文でまとめていますが、本来なら、海の再生にまつわるさまざまなストーリーがあるはずです。

　それらを起承転で書いた後に「こうして」で、全体を受けて結論に持っていくことができます。

　2)「いずれにしても」には、状況がどちらに転んでも選択するものがはっきり示されます。

　この例でも、作品がヒットするかどうかは二の次で、「描き続けたい」という自らの選択が示されています。

「いずれにせよ」という表現も同様の意味を持ちます。

　3)「結局」は、曲折を経た後の結論です。かなりはっきりした意思を表現することができます。

　この例では、議論百出の企画会議を経て、「社長の判断で中止となった」というはっきりした意思を読み取ることができます。

「途中の経過やいきさつがどうあれ」という感覚です。

　4)「とにかく」は、「いろいろな事情があるにせよ」「いずれにしても」という意思を導きます。

　この例では人の評価を問題にせず、自分を信じて進むことが肝要だという内容が書かれています。

　自分以外の事情には惑わされないという意思を表明しています。

「ともかく」という表現も同様です。

結びの接続詞を使った文章展開

　ここからは上記の接続詞を使って、「結」を書いていきます。

「結」は文章の結び、最終着地点です。

「起承転」を、さまざまな接続詞を使って書いてきました。

　同じ「起」の文章を使って、「承」では順接の「だから」と逆接「しかし」という接続詞で、二通りの話を書き分けました。

続く「転」では、「そもそも」「そのうえ」を使って【転1】から【転4】までを展開させました。

書き出しは同じでも、話の筋によって使う接続詞が変わっています。これは接続詞によって話の筋をつくることができるということでもあります。

まずは順接「だから」を使った【承1】の続きを書きました。
【転1】で「そもそも」を使って展開したものです。
【結1】では「こうして」を使います。

> **起**
> わが家にはライナスという名前の犬がいる。初めてわが家にやってきたとき、彼はピンクのタオルケットにくるまれていた。タオルケットを取ってリビングに置くと、すぐそこに行って丸まる。その姿は、チャールズ・M・シュルツが描いた漫画『ピーナッツ』に登場する、安心毛布を手放さないライナスのようだった。

> **承1**
> だから、とても甘えん坊だ。私の仕事部屋では、いつもお気に入りのタオルケットの上で寝転んでいるのだが、私が資料を探すために部屋を移動すると、後ろをついてくる。気になって立ち止まると、抱っこしてと後ろ足で立って、前足を私の足に掛けてひっかくような仕草をする。それを振り切ることができず、結局、抱っこしてしまう。私の腕に抱かれると、ライナスは安心したように目をつぶりフーッと小さくため息をつくのだ。「仕方ないなあ」。その姿を見ると、

私は仕事の手をいっとき休めてしまうのだ。

転1

そもそも、私が犬を飼おうと思ったのは、リモートワークが増えて人と直接会う機会が少なくなったからだ。自分で時間を管理できるというメリットはあるのだが、四六時中仕事のことが頭を離れない。飲みながらたわいもない話をすることもなくなった。自由を得たはずなのに、次第にその自由に翻弄されているような気がしてきた。

そんなときに近所を散歩していると、偶然ペットショップに差し掛かった。すると中から私を見ている犬の視線を感じたのだ。店内に入ってその犬に聞いた。「うちに来るかい？」。すると「連れて帰って」という声が聞こえたのだ。

結1

こうして、ライナスはわが家にやってきたのだ。「連れて帰って」という彼の声は、リモートワークによって自宅と仕事場の境がつかず、いつの間にか安らぐ場がなくなっていた私自身の声だったのだ。それがペットショップのケージに入っていたライナスの状況にシンクロしたのだろう。ライナスもまた、わが家に安らぎの場所を求めていたに違いない。この出会いは、偶然ではなく恐らく必然だったに違いない。

「こそあど」ことばで距離感を伝える

【結1】は、【転1】の、

「うちに来るかい？」。すると「連れて帰って」という声が聞こえたのだ。

　という部分を直接的に受けながら、ここまでのストーリー全体を結びに導いています。

　もう一つ注目したいのが、【結1】の「こうして」という接続詞に「こう」という「こそあど」ことばが入っていることです。「こそあど」ことばは、コラム4でもお伝えしたとおり「ここ、そこ、あそこ、どこ」「この、その、あの、どの」といったように、ことばの初めに「こ・そ・あ・ど」が付くものを言います。
　これには、距離の感覚が含まれています。
「ここ⇒そこ⇒あそこ」という順に距離が遠のきます。
　「どこ」「どの」は疑問の形を取ります。

　「こうして」は、直接受ける部分との心理的距離が近いのです。
　「こうして」の代わりに、「そうして」で受けてもいいのですが、少し距離を置いた客観的な表現になります。

ま｜と｜め

① 「こうして」は、ストーリー全体を受けて結びに導く

②接続詞によって話の筋を新たにつくれる

③距離によって「こそあどことば」を使い分ける

「転⇒結」
着地に導く接続詞でつなぐ
逆接からの展開 8

> ### 「いずれにしても」 の先は
> ### 当然そうしなければならない結論がくる

　ここでは、【承2】で「しかし」、【転2】で「そもそも」を使った文章を受けて続きを書きます。
「いずれにしても」を使います。

起

わが家にはライナスという名前の犬がいる。初めてわが家にやってきたとき、彼はピンクのタオルケットにくるまれていた。タオルケットを取ってリビングに置くと、すぐそこに行って丸まる。その姿は、チャールズ・M・シュルツが描いた漫画『ピーナッツ』に登場する、安心毛布を手放さないライナスのようだった。

承2

しかし、彼はピーナッツに登場するライナスとは違っていた。わが家に来たばかりの頃は環境が変わったせいか、不安になるとタオルケットに潜っていた。ところが1週間もすると、すっかりリラックスして家の中を散策し始めた。ソファーの下に潜り込んだり、自分の尻尾を追いかけてクルクル回ったり、おもちゃのぬいぐるみをくわえて振り回し

たりする。出窓のカーテンが風に揺れると、獲物を捕まえるかのようにカーテンに突進する。少しもジッとしていない。

転2

そもそも、僕は犬を飼うことには反対していたのだ。確かに、可愛く愛おしい存在なのだが、妻も僕も仕事をしている。妻は在宅が多いとはいえ、打ち合わせで家を空けなくてはならないこともある。僕も仕事で留守にすることが多い。

2人とも外出する時にライナスだけを家において出かけるのは、何とも気が重い。ケージの中に1匹だけで留守番させると、寂しがるだろうし運動不足にもなるだろう。かといってその度に、ペットホテルに預けるのも忍びない。ライナスにもストレスがかかる。「なんとかなる。昔飼っていた犬も留守番させていたから」と妻は言うのだが……。いまは、何とか2人の仕事をやり繰りしてライナスに寂しい思いをさせてはいない。しかし今後、外の仕事が増えると、ライナスには1匹で留守番をしてもらわなくてはならない。大丈夫だろうかと不安になる。

結2

いずれにしても、ライナスを家族に迎え入れた以上、最後までしっかり面倒を見なくてはならない。それが我々夫婦の一致した意見だったのだ。初めて犬を飼う僕は、予想以上に元気なライナスを見ておろおろし、仕事とのバランスを考えてしまう。妻は僕の心配をよそに、しっかりライナスとコミュニケーションを取っている。どうしてそう平然としていられるのか。そんな僕を見て妻は言った。「考えることは大切

だけど、考えすぎるのはよくない。あなたは、仕事以外の
ことにも目を向けて、もっと力を抜くことを覚えるべきだ。
ライナスはあなたの助けになる」。ライナスが潤んだ瞳で僕
を見ていた。

　おとなしいと思って飼った犬が、予想に反して元気だった。そ
れを平然と受け入れている妻と、仕事と犬の世話に戸惑う夫とい
う【転2】までの流れを【結2】で受ける展開です。
　犬はどうなってしまうのだろうと思うところを「いずれにして
も」という接続詞で流れを変え、結論に導いています。

「いずれにしても」は「事情はどうあっても」「どのみち」とい
う意味です。その先に、そうせねばならない当然の結論が示され
ます。この場合は、

ライナスを家族に迎え入れた以上、最後までしっかり面倒
を見なくてはならない。

　という犬を飼う際の、夫婦の考えです。
「いずれにしても」の代わりに接続詞「だから」でつなぐと、夫
の不安を順当な結果とするため、【転2】の最後の一文を受けて、

だから、ライナスは犬好きの知人に譲ることにした。

　などの展開になります。
　随分、状況が変わってきます。「知人に譲る」という理由もあ
いまいなため、ここから次のストーリーを書く必要があります。

そのため、これまでの話の着地点の「結」とはなりません。

しかし例文では「いずれにしても」が、本来の結論を引き出す形として、着地点に導いています。

さらに、その結論の背景にある妻の考えが最後の「考えることは大切だけど、考えすぎるのはよくない……」ということばに結びついているのです。

状況がどう転んでも「ライナスの面倒をしっかり見る」という夫婦の確認事項と共に、妻がいつも仕事のことで頭がいっぱいな夫を案じて、犬を飼っていたという話の流れをつくっています。

ここで書かれた話はライナスを中心に置きながら、実は妻と夫の物語となっているのです。

ま｜と｜め

① 「いずれにしても」に続く文章は、そうしなければならない当然の結果が示される

「転⇒結」
着地に導く接続詞でつなぐ
順接からの展開 9

「結局」ははっきりした結果を示すときに使う

【承1】で「だから」、【転3】で「そのうえ」という接続詞で
つないできた文章の着地を書いていきます。

　甘えん坊のライナスが、「私」にどう関わり、影響を与えるのか。
「結」では「結局」を使って書いていきます。

> 起
>
> わが家にはライナスという名前の犬がいる。初めてわが家
> にやってきたとき、彼はピンクのタオルケットにくるまれ
> ていた。タオルケットを取ってリビングに置くと、すぐそ
> こに行って丸まる。その姿は、チャールズ・M・シュルツが
> 描いた漫画『ピーナッツ』に登場する、安心毛布を手放さ
> ないライナスのようだった。

> 承1
>
> だから、とても甘えん坊だ。私の仕事部屋では、いつもお気
> に入りのタオルケットの上で寝転んでいるのだが、私が資料
> を探すために部屋を移動すると、後ろをついてくる。気に
> なって立ち止まると、抱っこしてと後ろ足で立って、前足
> を私の足に掛けてひっかくような仕草をする。それを振り
> 切ることができず、結局、抱っこしてしまう。私の腕に抱

かれると、ライナスは安心したように目をつぶりフーッと
小さくため息をつくのだ。「仕方ないなあ」。その姿を見ると、
私は仕事の手をいっとき休めてしまうのだ。

そのうえホカホカと温かく、柔らかい。ソファーでライナス
の頭をなでているうちに、うとうとしてしまうこともしばし
ばある。いっときのつもりが、あっという間に小一時間経っ
てしまう。「あー、いけない」。慌てて仕事を再開しようと、
ライナスをケージに入れる。いままで抱いていた腕のぬくも
りとライナスの重さがすっと消える。この瞬間がなんとも切
ない。「クーン」と悲しげな鳴き声を上げる。私は後ろ髪引
かれる思いで、仕事部屋に戻る。仕事に戻るものの集中力
が戻るまでには、少し時間が掛かってしまう。私は保温ポッ
トに入ったコーヒーを飲んで、パソコンに向かった。しかし、
ライナスの鳴き声は続いている。

結局、私は彼の鳴き声に抗することができず、ケージに行っ
て抱きかかえた。安心したように私を見上げる。「君にはか
なわないよ」。私は、彼を膝に載せて仕事をすることにした。
不安定なのでモゾモゾ動く。そこで膝に薄い座布団を置い
て、その上にライナスを載せることにした。何とか安定を
保った彼は、大きなあくびを一つして静かに昼寝し始めた。
殊の外仕事が進む。「こんな仕事の仕方もありかな」。そう
思いながら耳の後ろを掻いてやる。ライナスは薄めを開け
て私を見るのだった。

甘えん坊のライナスの面倒を見ていると、仕事が手に付かない。いったん、ケージに戻すが鳴き声を聞くと気になって仕方がない。

こうした状況を受けて「結局」という接続詞で結論に結びつけています。

「結局」には、途中の経過はともかく最後にはこうなってしまう、というはっきりした結果を示す役割があります。

【結3】でも「君にはかなわないよ」と、ライナスの甘えを許しています。

それは、【承1】【転3】の流れのなかで、書き手の思いを読み手が受け入れる素地を生んでいます。

そのため、ライナスを膝に載せて仕事をするという結果は、至極当然の流れとして理解されます。

「結局」という接続詞が導く文章の結論は、行動や心の変遷を経たうえで最終的に行き着く状況を示すものだと言えます。

ま｜と｜め

① 「結局」は途中に行動や心の変遷がある際に行き着く状況を示す

「転⇒結」
着地に導く接続詞でつなぐ
逆接からの展開10

「ともかく」は文章の全体の核心を引き出す

【承2】で「しかし」、【転4】で「そのうえ」を使って展開した文章の結論部分を書いていきます。

「ともかく」を使います。

起

わが家にはライナスという名前の犬がいる。初めてわが家にやってきたとき、彼はピンクのタオルケットにくるまれていた。タオルケットを取ってリビングに置くと、すぐそこに行って丸まる。その姿は、チャールズ・M・シュルツが描いた漫画『ピーナッツ』に登場する、安心毛布を手放さないライナスのようだった。

承2

しかし、彼はピーナッツに登場するライナスとは違っていた。わが家に来たばかりの頃は環境が変わったせいか、不安になるとタオルケットに潜っていた。ところが1週間もすると、すっかりリラックスして家の中を散策し始めた。ソファーの下に潜り込んだり、自分の尻尾を追いかけてクルクル回ったり、おもちゃのぬいぐるみをくわえて振り回したりする。出窓のカーテンが風に揺れると、獲物を捕まえ

るかのようにカーテンに突進する。少しもジッとしていない。

転4

そのうえ、力も強くなり散歩に行くとリードを自分で咥えて、ぐいぐい私を引っ張る。生後6カ月を過ぎるころになると、散歩が楽しいらしくなかなか帰ろうとしない。小型犬なので、30分も散歩をすればじゅうぶんだと思っていたのだ。ところが1時間以上、ひたすら歩く。面白いことに、途中で用をたすことがない。道端の植え込みの匂いを嗅ぐことはあるのだが、そこにマーキングすることはしない。途中、水を飲ませるときに小休止をするほかは、ただひたすら黙々と歩くのだ。散歩の最後は、家に続く上り坂をダッシュする。小さい体のどこにそんな体力があるのか、と不思議になる。

結4

ともかく、ライナスはわが家のスターとしての地位を確立することに成功した。何しろ家族中が、元気いっぱいの彼を受け入れている。ライナスが来てからは、子どもたちがケージのあるリビングに集まってくるようになった。口数の少なくなった中1の息子は、雨の日も厭わず散歩に連れていく。高2の娘は、せっせとブラッシングをしたり、ライナスに着せる服を手作りしたりしている。当初は、運動不足になりがちな私と一緒に散歩するつもりだったのだ。それなのに、いまではすっかり子どもたちにその役割を奪われてしまった。これでまた、ダイエットが遠のいてしまう。

【承2】【転4】で、次第にライナスの力が強くなり、体も大き

くなったことが書かれていました。

　この先、どういう展開になるのだろうと思って読み進めます。

　すると、「ともかく」という接続詞でライナスが「わが家のスター」になって、思春期の子どもたちがせっせと面倒を見ているという意表をつく展開になっています。

「ともかく」は「いろいろな事情があるにせよ」という意味で使われます。

　この例で示されるいろいろな事情は「手に余るほど体力がある」「力もつよい」という予想とは異なるライナスそのものです。

　しかし、そうであるにも関わらず「わが家のスターとしての地位を確立」したと言うのです。

　【結4】では、ライナスを通して家族が変化したことに焦点が当たっています。

　ここでは接続詞「ともかく」が、文章全体の核心部分を引き出す役目を担っています。

　つまり、この結論のために、「起承転」で「いろいろな事情」を書いていたのだということがわかります。

ま｜と｜め

① 「ともかく」は、いろいろな事情があるにせよ、という
　意識を踏まえ全体の核心を突く結論を導く

Column 5

「なので」

「だから」は、結果に対する原因をはっきり示す「因果」の接続詞です。

最近、「だから」の代わりに「なので」という語が使われるようになりました。

もともと「なので」は、

・かぜ**なので**学校を休んだ。
・ここは静か**なので**、仕事に集中できる。

のように、接続助詞のような形で使われていました。

文法的に「なので」は、断定の助動詞「だ」の連体形、または形容動詞の連体形活用語尾＋接続助詞「ので」でできた連語です。

ところが近年、「だから」の代わりとして、接続詞のように用いられるようになりました。

・かぜを引いた。**なので**、学校を休んだ。
・ここは静かだ。**なので**、仕事に集中できる。

これは話しことばから生まれたものが、書きことばにも使われ

るようになったものです。

・かぜを引いた。だから、学校を休んだ。
・ここは静かだ。だから、仕事に集中できる。

「だから」に置き換えて比較すると「なので」より、理屈っぽく重い感じがします。
「だから」というのは、前の事柄から当然予想されることを後に続ける役目があります。
　どちらかというとカジュアルな感じがあり、書きことばにする際には「そのため」などを使う傾向がありました。

　ところが「なので」が登場すると、カジュアルな感じだった「だから」のイメージが、相対的に重くなってきたのです。
　書きことばに「だから」を使うのは、珍しいことではなくなりました。
「なので」が文章でも頻発するようになり、これに違和感を持つ人も出てきたように思うのです。

　SNSではチャットが言語の新たな流れをつくっています。
　チャットでは、話しことばが書きことばとして機能するからです。
　2000年頃からこうした傾向が強くなり、僕はこれを「チャットことば」と呼んでいます。
　チャットことばは、話ことばと書きことばの垣根を取り払い、双方を自由に行き来しています。

　接続詞としての「なので」もこうした状況のなかから、書きことばとしても登場するようになりました。

　よりフラットな感覚で使える新しい接続詞だとする意見がある一方、書きことばで使うのはいかがなものかという考えもあります。

　僕も後者の意見です。

　大学などで提出されるリポートに「なので」があると、チェックを入れてしまいます。リポートや論文など公的な文章に使うには、まだなじまないと感じるのです。

　メールなどでも「なので」と「なぜなら」が頻発する文章が増えてきました。

　次の例を見てください。便宜上、文頭に i ～viiiの番号を振ります。

例

ⅰ．顧客の望むものを想像するのは、無駄な行為です。

ⅱ．なぜなら、想像はあくまでも想像の範囲を超えないからです。信憑性のかけらもないからです。

ⅲ．なので、想像ではなく裏付けある根拠を求める必要があります。

ⅳ．顧客が、何にお金を使うのかを知ることが重要です。

ⅴ．なぜなら、お金の先にある商品・サービスにこそ価値があるからです。

ⅵ．その価値を生み出すものが、信頼です。

ⅶ．なぜなら、顧客は必ずしも商品やサービスの価値を理

解できないからです。

viii. **なので、**商品やサービスを扱う人との信頼関係こそが
最も重要なのです。

接続詞「なぜなら」を使って理由を述べた後に、「なので」を
つなげてそこから導き出される結果を書く手法です。

ところが、一つの結果を記した後に「なぜなら」「なので」が次々
に繰り出されるのです。

このパターンで書かれた文章は、一見、論理的な展開のように
感じます。

「なぜなら」には「〜からです」という理由を示す結びがついて
います。

実は「〜からです」とあれば、それが何らかの理由を書いてい
ることがわかります。

すべてを「なぜなら〜からです」とする必要がありません。

改善例

i. 顧客の望むものを想像するのは、無駄な行為です。

ii. 想像はあくまでも想像の範囲を超えません。

iii. 想像ではなく裏付けある根拠を求める必要があります。

iv. そのためには、顧客が、何にお金を使うのかを知るこ
とが重要です。

v. お金の先にある商品・サービスにこそ価値があるから
です。

vi. その価値を生み出すものが、信頼です。

vii. 顧客は必ずしも商品やサービスの価値を理解できない

からです。

viii. 商品やサービスを扱う人との信頼関係こそが最も重要なのです。

　文章を直すには、いろいろなアプローチがあると思いますが、ここでは接続詞を中心に最小限の修正を加えてみました。

　【例】のⅱ、ⅴ、ⅶの文頭にあった「なぜなら」と、ⅲ、ⅷの「なので」を削りました。

　ⅱの最後は「想像の範囲を超えないからです」を「想像の範囲を超えません」とし、「信憑性〜」の一文を削除しました。

　ⅲの部分に引き継いでその理由を補足しているため、「〜からです」とする必要がないのです。

　ⅳに「そのためには」を加えて理由をはっきりさせました。

　ⅷでは「信頼関係」を強調するために「こそ」を追加しました。

　こうすると、何度も同じ接続詞を繰り返し使わなくても、いいことがわかると思うのです。

「なので」に頼りすぎると、かえって伝えるべき内容が曖昧になってしまうことがあります。

　接続詞は、文意を導くために有効です。

　接続詞の持つ意味をはっきり理解すると、それに頼りすぎる必要もなくなります。

おわりに

　ChatGPT などの生成 AI が出現して、文章を取り巻く環境は大きく変化し、文章を書くのは AI にまかせればいいじゃないか、という風潮が広がりつつあります。

　確かに、AI で文章は書けます。AI はネット空間にある情報をまとめる作業が得意です。議事録をまとめたりすることも速く正確です。しかし、そこで使っている資料は、編集・校閲作業を経ないあやふやなものを含めたネット情報です。

　何より、文章は書く人の思いを伝えるものです。まとめ作業をするためではありません。メールであっても、企画であっても、報告書であっても、そこに思いがなければ、そもそも書く必要がありません。AI は、僕たちの心模様までは書けません。僕たちがどう思い、どう感じているのかを知る術がないからです。

　今回、改めて接続詞に向き合って、思ったことがあります。接続詞が、人の思いを書くための小さなファンクションとして機能しているということです。その小さなファンクションが大きな文の流れを決定づけるのです。第 4、第 5 章でお見せしたように、接続詞は論理的な文章のみならず、感情表現を支え自己表現を豊かにする働きがあるのです。接続詞が奏でる表現の世界があったとは、僕自身、目から鱗の発見でした。この事実に気づかせてくれた、すばる舎の三宅承さんに、感謝申し上げます。

　今後、AIを上手に使って文章をつくる時代になるのだろうと思います。しかし、僕たちが思いを書き続けていく限り、文章は僕たちの手の中にあるのだということを確信したのでした。最後まで本書をお読みくださり、ありがとうございました。

未來交創株式会社代表／文筆家
前田安正

〈主な参考資料〉
『日本国語大辞典』ネット版・ジャパンナレッジより
『広辞苑 第七版』新村出編・岩波書店
『大辞林 第四版』松村明編・三省堂
『てにをは辞典』小内一編・三省堂
『助詞・助動詞の辞典』森田良行著・東京堂出版
『書きたいことがすらすら書ける！「接続詞」の技術』
　石黒圭著・実務教育出版
『文の論理は接続語で決まる　文章が変わる接続語の使い方』
　沖森卓也著・ベレ出版

著者紹介

前田 安正（まえだ・やすまさ）

文章コンサルティングファーム「未來交創株式会社」代表取締役。

朝日新聞 元校閲センター長、元用語幹事。

早稲田大学卒業、事業構想大学院大学修了。

大学卒業後、朝日新聞入社、大阪・東京本社校閲部長、用語幹事、編集担当役員補佐兼経営企画役員補佐、朝日新聞メディアプロダクション校閲事業部長などを歴任。ことばや漢字に関するコラムやエッセイを約10年にわたり、毎週担当していた。

10万部を超すロングヒットとなっている『マジ文章書けないんだけど』（大和書房）、『きっちり！恥ずかしくない！文章が書ける』（すばる舎／朝日文庫）など、日本語や文章に関する著書多数。

現在、「ことばで未来の扉を開く」をコンセプトに、大学のキャリアセミナーや、企業・自治体などで広報コンサルティングや研修などを展開。新聞・雑誌、テレビ・ラジオなどメディアへも多く登場している。

ライティングセミナー「マジ文アカデミー」を主宰、Podcastで「ことばランド」を配信、また幼稚園・小学校受験に関するサロン「お受験は願書が8割」を開いている。

講演や研修の依頼・問い合わせなどは、弊社ホームページ https://kotoba-design.jp/ までお願いします。

伝わる文章がすぐ書ける

接続詞のコツ

未來交創株式会社HP

2024年1月16日　第1刷発行

著　者　　前田 安正
発行者　　徳留 慶太郎
発行所　　株式会社すばる舎
　　　　　〒170-0013　東京都豊島区東池袋 3-9-7 東池袋織本ビル
　　　　　TEL　03-3981-8651（代表）　03-3981-0767（営業部直通）
　　　　　FAX　03-3981-8638
　　　　　URL　https://www.subarusya.jp

本文デザイン 三枝未央（Isshiki）
DTP制作　　森貝聡恵（Isshiki）
印刷　　　　株式会社光邦